新时代高校网络思想政治教育平台的构建与应用研究

逄张梅◎著

燕山大学出版社
·秦皇岛·

图书在版编目(CIP)数据

新时代高校网络思想政治教育平台的构建与应用研究 / 逄张梅著. 一 秦皇岛:燕山大学出版社,2022.12

ISBN 978-7-5761-0488-2

Ⅰ.①新… Ⅱ.①逄… Ⅲ.①互联网络－应用－高等学校－思想政治教育－研究－中国 Ⅳ.①G641-39

中国国家版本馆CIP数据核字(2023)第021091号

新时代高校网络思想政治教育平台的构建与应用研究

XINSHIDAI GAOXIAO WANGLUO SIXIANG ZHENGZHI JIAOYU PINGTAI DE GOUJIAN YU YINGYONG YANJIU

逄张梅 著

出 版 人:陈　玉
责任编辑:张文婷　　**策划编辑**:刘韦希
责任印制:吴　波　　**封面设计**:刘韦希
出版发行:燕山大学出版社 YANSHAN UNIVERSITY PRESS　　**电　话**:0335-8387555
地　址:河北省秦皇岛市河北大街西段438号　　**邮政编码**:066004
印　刷:涿州市般润文化传播有限公司　　**经　销**:全国新华书店

开　本:710mm×1000mm 1/16　　**印　张**:14.25
版　次:2022年12月第1版　　**印　次**:2022年12月第1次印刷
书　号:ISBN 978-7-5761-0488-2　　**字　数**:210千字
定　价:45.00元

作者简介

逯张梅(1990—),女,汉族,山西临汾人,研究生学历,研究方向为马克思主义中国化、思想政治教育。毕业于四川大学马克思主义学院,获法学硕士学位。现就职于西安文理学院,讲师,近年来公开发表论文8篇,参与课题4项,参与编写著作1部,出版学术专著1部。

前言

高校网络思想政治教育平台主要是借助计算机等信息技术，从数据库中来寻找学习资料，来创设网上教育的学习环境，将网络平台与大学生的思想政治教育结合起来。这是一种新的尝试，能弥补传统教育方式的不足，更好地提高高校大学生的思想政治水平，使其能够适应党和国家的建设发展需要。高校网络思想政治教育平台是以大学生为教育主体，结合先进的信息技术，依照高校对思想政治的教学计划和思想政治教育理论来进行构建的。平台的构建有利于充分发挥计算机网络的作用，以达成高校思想政治教育目标。高校网络思想政治教育平台将网络上零碎的思想政治教育资源整合在一起，利用网络的便利性以及对大学生的吸引力，充分提高了思想政治教育的趣味性。同时网络能突破时间和地域的限制，对学生的学习有很大的帮助。

如今，我国对教育尤其是大学生的思想政治教育的重视程度不断加深，虽然有些高校致力于将互联网与思想政治教育相结合，但是高校网络思想政治教育平台的构建现状不容乐观，仍存在一些问题亟待解决。

21世纪是科技时代，是信息时代，在新时代中学习必须紧跟信息技术发展的脚步。重视高校的思想政治教育是党和国家对新时代人才培养的要求，中国现代化建设需要高素质人才。所以，综合来看，将信息技术和高校思想政治教育结合在一起，促进高校构建网络思想政治教育平台，是大势所趋。网络思想政治教育是在信息时代出现的新型思想政治教育形式，符合现代思想政治教育需要，满足大学生学习需求，适应构建和谐社会需求。高校网络思想政治教育平台是网络思想政治教育的主要阵地,体现了网络思想政治教育的虚拟性、丰富性、生动性。高校要加强对网络思想政治教育的重视、优化教师队伍结构,思政教师要编制合理的思想政治教学内容,提升网络思想政治教育的实效性,促进高校思想政治教育现代化发展。

目 录

第一章 新时代高校网络思政教育概述 ……001

第一节 新时代高校网络思政教育的含义 ……001

第二节 新时代高校网络思政教育的主要内容 ……004

第三节 新时代高校网络思政教育的基本特点 ……016

第四节 新时代高校网络思政教育的主要功能 ……019

第二章 新时代高校网络思政教育的对象与目标 ……026

第一节 新时代高校网络思政教育的对象分析 ……026

第二节 新时代高校网络思政教育的价值目标 ……036

第三章 新时代高校网络思政教育平台及其现状分析 ……042

第一节 新时代高校网络思政教育平台的内涵 ……042

第二节 新时代高校网络思政教育平台的功能 ……056

第三节 新时代高校网络思政教育平台的可行性 ……058

第四节 新时代高校网络思政教育平台存在的问题 ……065

第四章 新时代高校网络思政教育平台的设计 ……070

第一节 新时代高校网络思政教育平台整体结构设计 ……070

第二节 新时代高校网络思政教育平台技术方案设计 ……079

第三节 新时代高校网络思政教育平台数据管理设计 ……090

第四节 新时代高校网络思政教育平台系统搭建 ……092

第五节 新时代高校网络思政教育平台综合测试及应用 ……097

第五章 新时代高校网络思政教育平台的建设 ……108

第一节 新时代高校网络思政教育平台的投资预算分析 ……108

第二节 新时代高校网络思政教育平台的组织设计 ……109

第三节 新时代高校网络思政教育平台的建设及其重难点分析 ……125

第四节 新时代高校网络教育平台的验收 ……129

第六章 新时代高校网络思政教育平台的管理 ……131
第一节 新时代高校网络思政教育平台的运营管理 ……131
第二节 新时代高校网络思政教育平台的保障措施 ……135
第三节 新时代高校网络思政教育平台的成效评估 ……141
第七章 新时代高校网络思政教育平台的内容更新 ……143
第一节 新时代高校网络思政教育平台的内容创作主体 ……143
第二节 新时代高校网络思政教育平台的内容创作规律 ……145
第三节 新时代高校网络思政教育平台的内容更新周期 ……148
第四节 新时代高校网络思政教育平台的内容反馈回应 ……150
第八章 主题网站与App平台的开发及其在高校网络思政教育中的运用 ……156
第一节 新时代高校思政教育主题网站与App平台的开发 ……156
第二节 主题网站与App平台在高校网络思政教育中的运用 ……176
第九章 短视频与直播课程的开发及其在高校网络思政教育中的运用 ……189
第一节 新时代高校网络思政教育短视频与直播课程的开发 ……189
第二节 短视频与直播课程在高校网络思政教育中的运用 ……199
参考文献 ……215

第一章 新时代高校网络思政教育概述

第一节 新时代高校网络思政教育的含义

一、新时代高校网络思政教育的概念

随着网络技术的不断发展、社会的不断变革、互联网对社会的持续改变以及思政教育同互联网环境的互相作用，网络思政教育的概念也在不断变化和完善。

2000年，刘梅提出了“网络思政教育”这一概念，并且在《思政教育的现代方式——论网络思政教育建设》中明确表示：网络思政教育是按照思想宣传与传播学的相关知识来实行的，依照互联网来逐步开展思政教育。刘梅认为，网络思政教育同传统思政教育有着本质的区别，进行网络思政教育需要十分了解多媒体与计算机网络理论，在了解与熟悉现代传播技术的这一前提下，依靠控制、传播以及制作互联网资讯，进而让更多的网络受众能够全方位地了解信息，同时遴选有效与可靠的信息，进而实现思政教育的影响。网络思政教育这一理念的面世对于教育界具有十分重要的意义。①

2004年，学者曾令辉对网络思政教育的概念进行了狭义与广义的区分。曾令辉表示，从广义上分析，网络思政教育是相应组织、党派、阶级的相应道德规范、政治观点以及思想理念，依靠现代信息网络传媒去潜移默化地影响着网络受众，让他们完成相应的互联网实践活动，该活动是现实社会与虚拟社会以及相应阶级所需要的。从狭义上分析，网络思政教育建立在传统思政教育的大环境下，依靠现代信息技术、心理学、传

---

①朱琳.新时代高校网络思想政治教育平台建设的理论与实践[M].北京：知识产权出版社，2020.

播学以及行为学的相关知识理论，对网络受众的活动、发展、构成、规律进行分析与探讨，进而让网络受众形成符合现代社会所需求的道德标准、政治行为、思想的网络活动。

2009年，清华大学张再兴教授对网络思政教育的概念进行了明确。张再兴表示，网络思政教育的概念包括两个方面：一是在互联网这一大环境下的思政教育，二是建立在网络中的思政教育。前者是从广义角度划分的，在社会生活模式以及生产方式都受到互联网影响的宏观大前提下，思政教育的机制、措施、模式、内涵及理念都要进行改革；后者则从狭义角度划分，只是把网络当作思政教育的渠道，以此极大地延伸思政教育。

基于以上论述，笔者认为，所谓网络思政教育，就是在互联网背景下，思政教育者需要了解、熟悉大学生的心理规律，以思政教育作为核心与宗旨，有步骤、有目的地去积极推动大学生进步，让大学生形成与中国实际情况相符的道德规范、政治理念以及思想观念的行为。

二、新时代高校网络思政教育的相关理论

（一）人的全面发展学说

高校网络思政教育的内容应该以马克思主义关于人的全面发展的理论为基础。人的全面发展指的是人的身体和智力的双重发展。首先是人的身体的发展，这种发展受基因进化、饮食、医疗、体育锻炼等影响。在身体发展较稳定的条件下，人的智力发展是主要方向。马克思主义关于人的全面发展理论决定了网络思政的内容：网络政治教育、网络思想教育、网络法制教育、网络心理教育、网络传统文化教育等。

网络政治教育的重要内容是学习和践行社会主义核心价值观，学习党的路线、方针、政策，以及在党员中开展“两学一做”常态化教育。

网络思想教育是指运用马克思主义的世界观、方法论来指导学生的实践活动，让他们养成科学的思维方法和解决问题的能力，不断改造自己的主观世界，使之与客观世界相符合。

网络法制教育包含中国特色社会主义法律体系教育和网络法律法规教育两个内容，通过网络法制教育可以使大学生形成良好的网络法律意识。

网络心理学教育借鉴了心理学相关理论，可以了解学生的心理活动和状态，同时对于培育人格、治疗心理疾病有重大作用。目前，大学生群体面临着各方面的压力，其心理问题也越发需要被关注。高校利用网络开展大学生思政教育，需了解大学生的性格、情绪、认知等特点，引导学生树立正确的心理健康观念，不断了解和运用心理学的思想和方法，正确解决高校思政教育中的问题。

网络传统文化教育是指利用网络快捷的传播方式，弘扬中华民族优秀传统文化，让大学生接受优秀的民族文化教育，把中华优秀传统文化发扬光大。

马克思提出并完善了人的全面发展学说，使每个人的各方面都充分地发展，其中包括三个方面：人的社会关系、人的能力和人的主体性发展。社会劳动使人的存在有价值，其价值的高低取决于他的社会关系，如果人的各方面能力可以得到充分的发展，将会产生更大的价值。在发展目的上，思政教育与人的全面发展学说是殊途同归的，根本目的都是为了推动人的全面发展。

（二）以人为本学说

思政教育是对人们的思维和行为的改造，无论形式如何，其本质都应当是马克思主义理论，无论是否有互联网的冲击，马克思主义理论仍然没有过时。关于人的本质这个问题，马克思认为：“人的本质不是单个人所固有的抽象物，在其现实性上，它是一切社会关系的总和。”高校网络思政教育的本质是教育实践活动，以人为本才能找到正确的方向。当下，大学生面临着网络的不断冲击，会受到各种信息的影响。这就更需要我们深入调研，把握大学生的思想动态，将马克思主义以人为本的学说运用于实践之中，做好大学生思政教育工作。

只有坚持以人为本，才能在价值多元、彰显个性的互联网时代强化高校网络思政教育的实效性，培养社会主义的合格建设者和可靠接班人。坚持以人为本，既要充分发挥网络信息技术的优势，又要充分尊重、关爱、服务大学生，关注其成长成才的需要。信息时代，网络思政的主体和客体相互转换，教育者与受教育者同样是网络思政教育的主体和客体。因此，在网络环境下教育学生、引导学生时，教师要坚持平等的原则，以平等的心态与学生进行交流沟通，对于学生正确的思想与行为给予鼓励和支持，对于其不良的情绪、思想、行为及时加以疏通引导。在与学生相互交流的过程中，教师不能一味批评说教，而是要从学生的角度出发，吸取经验教训，更好地促进双方共同提升、完善和发展自我。

（三）网络传播理论

依照拉斯韦尔（Lasswell）的“5W”传播模式，即传播者（Who）、传播内容（Says what）、传播受众（To whom）、传播媒介（In which channel）、传播效果（With what offects），网络传播具备以下不同的特征。

“谁”即传播方，在传播的整个流程中承担着信息的选择、整理及推广的工作。传播者既可以是单个的人，也可以是集体或专门的机构。

“说什么”即传播的重要信息，是相应的价值符号构成的信息组合。符号涵盖了非语言符号和语言符号。

“对谁”，就是受传者或受众。也就是传播最终要送达的对象，包括观众、听众以及读者的总概括。

“渠道”是信息推广所需要的各类“媒介”或者“介质”，其涵盖了电话、信件、传真、电视、互联网、广播、报刊等。

“效果”是信息传达给受众后在其认知、情感、行为各层面所引起的反应。它是检验传播活动是否成功的重要尺度。

第二节 新时代高校网络思政教育的主要内容

一、大学生爱国主义教育

爱国主义精神是每个时代的大学生应有的品质和基本精神，爱国主义教育也成为大学生思政教育不可或缺的一部分。爱国主义教育是大学生思政教育的基本内容，也是大学生思政教育的主旋律。

大学生是民族的希望，是中国特色社会主义建设的重要力量。培育大学生的爱国情感、突出爱国主义的教育重点，对于提升大学生的爱国意识，使大学生自觉地把个人理想与国家的繁荣发展紧密联系起来，具有重要意义。[①]

（一）中华民族的文明历史教育

历史是不能割断的，只有懂得历史，才能正确地了解现在、展望未来。我们要讲中华民族发展史中的曲折，讲近百年来我国的屈辱史，讲现代中国革命史，讲中华人民共和国成立的艰苦创业史，使人们特别是使当前的大学生懂得中华人民共和国的成立来之不易、社会主义建设的成果来之不易。同时，应当注重讲杰出人物、英雄模范的奋斗史、贡献史。因为这样的史料最真切、最实际、最感人，包含着这些人物的世界观，也最容易引人效仿、学习，具有潜移默化的作用。让大学生学习革命先烈为了共产主义的实现不惜抛头颅、洒热血的精神，学习新时期各条战线上涌现出来的先进人物和事迹，使他们更好地认识过去、立足现在、展望未来。

（二）中华民族优秀传统文化教育

中华民族是一个有着五千年悠久历史的伟大民族，我们的祖先通过世世代代的辛勤劳动创造出了光辉灿烂的历史文化，这是中华民族的历史瑰宝，是对大学生进行爱国主义教育的重要内容。《尚书·泰誓》提出了“民之所欲，天必从之”的思想，强调要尊重人民的意愿和要求。《周易》和《老子》充满辩证思想，至今为止仍被世界许多国家研究和运用。《孙子兵法》和我国古代许多其他兵家著述，至今被许多国家的军事学院定为必读书，还被广泛应用于企业和市场竞争，显示出其无限生命力。在中华人民共和国成立不久，我国自力更生制造出“两弹一星”。随后，我国在尖端科学、尖端医学等方面有许多重大突破，部分成果居于国际领先地位。

现在，随着全球化浪潮的兴起，具有不同历史传统和民族特色的文化之间的碰撞和交融将更加广泛、更加频繁、更加激烈、更加深入。一个国家在全球化浪潮中能否保持其优秀民族文化，不仅关系到本民族文化

①王利平.网络环境下高校思想政治教育方法研究[M].武汉：武汉大学出版社，2020.

的生存与发展,还关系到国家的命运和前途。一些西方国家借全球化之机,凭借其雄厚的经济实力和信息高科技优势,打着“文化全球化”“文化一体化”的旗号,大肆推行文化殖民主义,以达到损害别国本土文化的目的。因此,教师要引导大学生继承和发扬中华民族的优秀文化传统,培养大学生对民族文化的热爱和认同,增强大学生的民族自尊心、自信心和自豪感,使大学生在西方文化霸权主义面前自觉保护和弘扬本民族文化,维护国家利益。

(三)保护国家安全教育

国防教育作为国防建设的一个重要组成部分,其根本目的在于不断强化公民捍卫国家主权、统一、领土完整和安全的意识,以及防止外来侵略和颠覆的精神素质,普及军事知识和技能,提高群众的身体素质,在思想上、组织上为进行国防建设和开展国防斗争做好充分准备。

当今世界,科学和技术的迅速发展及其在军事上的广泛应用,使战争对人的精神、知识、技能、体魄等方面提出更高的要求。国防教育作为一种全面的综合性教育,在提高人的国防素质方面越来越显示出重要作用。国防领域内无论物质建设、精神建设,还是制度建设,都与国防教育密切相关,都要依靠国防教育奠定思想基础。同时,国防领域内的人才培养,武器装备发展、人与武器的结合等,都要依靠国防教育为之注入生机和活力。在新的历史时期,深入、广泛、持续地开展国防教育,具有更重大的战略意义。

(四)民族平等团结教育

中国是一个多民族国家,对大学生进行深入的民族平等团结教育对维护民族团结和国家稳定是非常重要的。我国共有56个民族,虽然各民族的人数并不均衡,但是各民族之间相互依存,不可分割,并无高低贵贱之分,每个民族都享有相同的权利,履行相同的义务。虽然各民族的人口数量有多有少,发展程度有高有低,但绝不能以此来划分民族的优劣、贵贱。各民族的地位是平等的,不仅在法律和国家政治上完全平等,而且在经济、文化、教育、语言文字、风俗习惯、宗教信仰等一切社会生活领域也应该完全平等。国家不仅在宪法和法律上规定各民族平等,而且还采取措施,努力帮助相对落后的民族实现权利平等。实现各民族权利的平等,一方面要禁止任何民族享有任何特权,另一方面要保护少数民族的平等权益,禁止对少数民族有任何压迫和歧视行为。尤其应真诚地、无私地和长期地帮助弱小民族发展经济文化,消除历史、地理等原因造成的民族之间的发展差距,实现各民族的共同繁荣发展。

弘扬爱国主义精神是中华民族的光荣传统,也是每个中国人的责任与义务。高校除了要做好爱国主义课堂教学工作外,更应当利用网络媒介建立爱国主义教育示范基地,积极宣传爱国主义精神。面对社会发展多样化的趋势,教师要引导学生坚定自己的社会主义立场,以先进的思政教育理念代替落后的思想,使爱国主义精神成为推动祖国走上繁荣富强道路的巨大力量。作为高校人生观教育体系的重要内容,爱国主义教育体现了社会主义精神文明建设的主旋律。明确实现大学生全面发展这一总体目标是为了推动社会主义现代化建设,爱国主义教育具有划时代的历史意义。

二、大学新生导行教育

大学新生导行教育是为适应时代发展,契合高等教育深化改革的内在要求,满足高校人才培养的新生阶段性发展的需要而提出的。大学生入学后的第一年会面临适应生活环境、调整学习方法、养成良好习惯、构建专业认知、开展人际交往等多方面的任务。这一年将影响新生大学后三年的学习生活,甚至一生的发展,是其人生发展的重要转折期,也是其社会化的关键期。开展新生导行教育,能帮助新生尽快完成角色转换,为其发展打下坚实的基础。

(一)入学与适应教育

新生入学后,首先面临的就是适应环境的问题。所谓环境,是指环绕在人周围并给人以某种影响的客观存在,即人类活动赖以进行的自然条件、社会条件和文化条件的总和。大学的学校环境是一个综合的环境系统,包含物质环境、组织环境、文化环境、制度环境、人际环境、网络环境和其他环境。物质环境是新生教育的基础保障,文化环境是新生教育的重要内容,制度环境是新生教育的有力保证。有些新生进校后,发现现有的学校环境、条件与自己理想中的有很大距离,便没有热情,缺失奋斗目标。因此,高校应定期向大一新生讲解校史,组织他们参观校园,帮助他们熟悉学校;通过校规校纪教育、学籍学分制政策学习,解决新生对政策和制度环境的适应问题;通过生命安全与健康教育、体魄锻炼、心理教育等,解决新生身心适应和情操培养问题;通过军训、集体住宿、丰富的校园文化活动、学生社团建设等,解决新生的人际环境适应问题,从而让新生在良好的环境中认识并适应大学的学习和生活。

(二)学风与学务教育

学风是大学精神的集中体现,是教书育人的本质要求,是高等学校的立校之本、发展之魂。学务是为学生学习提供指导与帮助的良好平台,是提高学生的培养质量和办学水平的有力保障。学务对于推动学风具有重要作用,学风是检验学务的重要指标。大一新生正处在由高中向大学转变的关键时期,行为上易受到暗示与引导,具有极强的可塑性,是养成良好的学习生活习惯的重要阶段,是改变其学习目的功利化、学习目标不明确、主动性不高等问题的关键时期,对培养良好的学风具有重要意义。高校应设计学风与学务教育板块,通过课程学习专题引导,调动新生学习的积极性;遴选优秀学科带头人参与新生学务指导,聘请其担任新生班导师,引导新生自信、自主学习;开展考前主题教育活动,签订诚信考试承诺书,培育良好考风;通过对学籍管理、学分管理的讲解,让新生明确学校学籍与学分管理制度,产生学习的主动性与责任感。

(三)素质与养成教育

高等教育的任务是培养具有创新精神与实践能力的高级专门人才,其中的核心便是素质教育。功利性过强的中学教育使得素质教育本身存在缺陷和断链,亟须提高大学生的综合素质,以适应快节奏的大学教育。素质教育是高校人才培养环节中最关键的部分,是高校卓越人才培养工程的起点。同时,高校宽松的学习环境与中学紧张的学习环境存在显著差异,高校必须重视新生的素质与养成教育。高校可以通过开展军事技能训练,按时早操(对应早读),坚持中午、下午(上课时间)和晚上(自习时间)的训练,让新生适应和接受“一日生活制度”“节假日晚点名”

“晚签到”等制度，从而培养学生良好的纪律观念和学习生活习惯；通过应急训练、消防演练以及交通安全、财产安全知识的讲解等，让新生掌握基本的应急和急救能力，养成良好的安全意识；通过文明班级、文明宿舍评比等活动，培养新生形成团结、和谐、规律的集体生活习惯；通过开展丰富的校园文化活动，为新生综合素质的提高搭建广泛平台；通过职业素质教育，培养新生良好的职业道德，掌握基本的职业技能。

（四）集体观念教育

进入大学之后，学生会结识新的朋友，开始逐步编织自己的人际交往网络。每一个大学生都有进一步发展人际关系的需要，也都有这方面的潜能。高校要帮助大学生确立健康的群体意识，建立和谐的人际关系，使之真正融于集体，还要帮助某些适应能力差和依赖性强的新生迅速融入新的集体生活，通过深入细致的工作来营造温暖的新“家”，真正形成学生班集体的凝聚力。此外，高校还要帮助学生正确认识和处理个人与集体的关系，教育他们建立个人服从集体、小集体服从大集体的意识，既要维护班级荣誉，又要维护学校荣誉，让学生明白“团结就是力量”。在学校、学院组织开展的各类活动中培养集体意识，增强集体荣誉观念，培养学生帮助同学、乐于助人的宝贵品德，使他们在日常学习和生活中修养身心，提高个人的道德修养。

（五）专业教育及学习方式教育

对于新生来说，其所学的专业是一个全新的概念，他们既不知道这个专业具体要学什么，也不知道从这个专业毕业后将来要干什么，更不知道要学好这个专业需要具备什么素质，从事与专业相关的职业需要具有什么技能，他们对专业的认知和职业的规划就更无从谈起。因此，在新生教育环节中，设计专业与职业教育是必需的。除了要搞好专业教育外，还应该努力抓好学习方式教育。新生入校后，应进行一次专业学习教育，让学生对所学专业有所了解，包括所学专业开设的主要课程及专业特点、学院师资情况以及学院的学风、教风等。学生在校期间，最重要的一项任务就是学习。通过教师专题报告、座谈会、高年级优秀学生的分享等形式，进行信息和经验的传递，帮助新生明确学习的目的和定位；

帮助新生明确学习主体的角色转变，使新生从高中阶段的被动接受教育转变为主动寻求教育；帮助新生学会利用图书馆和网络中心的各种文献资料，学会自我解惑，充实、提高自己；帮助学生稳定专业思想，树立专业学习信心，激发学习动力，以积极的心态投入学习；教育新生要有明确的学习目标，掌握科学的学习规律，不断改善学习方法，端正学风学纪。

（六）奖励与资助教育

奖励与资助教育是高校教育管理的一项重要内容。资助教育是以人为本教育理念的落实，即帮扶、帮助家庭经济困难学生顺利完成学业，引导他们树立感恩意识，努力学习，发奋成才，积极营造“在资助中成长，在感恩中成才”的良好氛围。奖励教育是一种激励，更是一种价值导向和优秀导向，可以引导学生德、智、体、美和谐发展，努力成长为中国特色社会主义事业的合格建设者和可靠接班人。高校可以通过对助、贷、免、补等资助政策的讲解，让新生了解各种资助政策，以根据自身情况合理选择，并在受资助过程中不断培养自身的感恩意识、诚信意识；通过对国家奖学金、国家励志奖学金、社会奖学金等荣誉评价体系的讲解，让新生明白学校教育的价值导向和评价尺度，从而树立荣誉意识和奋斗目标，实现自身可持续发展。

三、大学生诚信教育

“诚信”，即诚实守信，此乃立国之基、立身之本。诚信是中华民族传统美德之精华，是中华民族传统文化的精神追求，虽历经上千年的发展演变，但其于整个社会的意义与价值亘古未变。大学生是十分宝贵的人才资源，是祖国的未来、民族的希望，肩负着实现中华民族伟大复兴的重要使命。大学生诚信品质的培养一直是人们关注的焦点，大学生诚信教育成为当前高校思政教育理论研究的重要内容。高校要组织开展大学生诚信问题研究，对我国高校诚信教育的现状进行深刻反思，提出实施诚信教育的基本策略，为新时期开展诚信教育提供一定的理论基础和实践依据。

中共中央、国务院《关于进一步加强和改进大学生思想政治教育的意见》中明确提出，要“引导大学生自觉遵守爱国守法、明礼诚信、团结友善、勤俭自强、敬业奉献的基本道德规范”。

进入21世纪，随着全球化进程的加快，世界各国的竞争归根结底已经演变成人才的竞争。大学生群体是一个国家人才的基础所在，是新时代中国特色社会主义建设的主力军。因此，对大学生进行诚信教育、铸就其诚信道德基础，并将诚信教育视为人才培养过程中的关键点，不仅是将大学生培养成社会所需的德才兼备人才的根本途径，也是保证我国市场经济有序运行，使我国在全球化竞争中占据有利位置，最终实现中华民族伟大复兴的关键所在。大学生诚信教育是高等院校思政教育的重要内容，也是社会诚信教育的重要组成部分。

广义上的大学生诚信教育是指通过学校、社会和家庭实施的，针对大学生培养诚信观念的一切相关教育。它所涉及的范围很广，不仅包括大学生在学校接受的诚信道德教育，还包括其在社会中受到的诚信意识和氛围的影响和熏陶，以及家庭教育中来自父母的最基本的诚信教育。狭义的大学生诚信教育是指大学生仅仅通过高校这一种途径所受到的有关诚实、守信等道德教育。大学校园是大学生诚信教育最重要的阵地，高校对学生进行诚信教育也是其日常思政教育的主要工作。高校对大学生进行诚信教育的基本内容就是加强大学生对传统道德中“诚实守信”的认识。

大学生作为一个特殊群体，对其所实施的诚信教育既有高校道德教育的一般特点，也有其独特性，与中小学生有很大的不同。大学生与社会的交集更多，与社会各个层面联系更加紧密，有更多的机会参与社会实践活动。大学生的人生阅历尚不够丰富，其价值观、人生观尚未完全建立起来，对道德行为的判断能力不足，因此，在面对社会上的消极现象时，在人际交往和社会实践中极易受到外界的影响。所以，想要切实达到提高大学生诚信教育实效性的目的，就要通过社会、学生家庭以及高校产生合力，帮助大学生树立良好的诚信观与是非观，让他们面对社会腐败风气能够做到维持本心、明辨是非。

人的诚信品格具有多端性，诚信品格的形成会受到诚信认识、诚信情感、诚信意志等干扰因素和不稳定性因素的直接影响。一般而言，只有诚信认识、诚信情感、诚信意志的多重契合,才能让诚信行为发生。所以,人的思想品德的塑造是一项长期的过程,绝不是一蹴而就的。在实际生活中,诚信教育的对象很有可能因为某个人或某件事,对自身的诚信价值观念产生思考、变化,甚至是质疑、否定,从而导致诚信意志的消减或诚信情感的波动,以致诚信教育的功效降低。同时,教育对象原有生活经验和道德品质的不同也会对诚信教育的过程产生影响。人的诚信意识构筑和诚信品行的形成不是直线式的,其波动性、渐进式特点十分明显。因此,一次诚信教育过程的完成,并非代表着整个诚信教育过程的终结。诚信教育不限于知识性教育,不可能一劳永逸,更不能急于求成,而要长期地、反复地对教育对象施加影响,积累其内在的诚信意识,以量变促进质变的方法,实现"积善成德"。高校要通过反复的诚信教育,及时排除各种干扰,改造大学生业已形成的立场、情感和习惯,促使其形成稳定的意识结构形态。

现代社会对大学生的综合素质提出了更高的要求,除了要具备相应的专业技能,个人道德水准的高低更是对大学生个人素质的重要评价标准。高校是大学生教育的主阵地,是培养社会主义未来建设者和接班人的重要场所。高校加强大学生诚信教育既是现实的需要,也是提高国家综合国力的战略需要。因此,高校进行大学生诚信教育要在继承我国优秀道德传统文化的基础上与时俱进,结合时代发展,不断创新教育模式和教学内容,使大学生诚信教育做到贴近生活、贴近实际,体现大学生诚信教育的实效性。

四、大学生心理健康教育

大学生心理健康教育不仅关系到学生个人的成长,更关系到国家和民族的未来。一个人心理健康的重要标志包括崇高的理想、健全的人格、和谐的人际关系、坚持不懈的努力、稳定的情绪、乐观的人生态度,以及爱岗敬业、遵纪守法、维护社会公德等。心理健康是时代的课题,是现代社会进步与人类自身发展的客观要求。全方位开放的新局面为当代大学生提供了成才的广阔舞台和更多的发展机会,激烈的竞争也带来更多严峻的挑战,时代的发展对大学生提出了更高、更新、更强的要求。要想成才，大学生就不仅要掌握知识和技能，更要开发心理潜能，拥有健康的心理。怎样提高个人的修养、保持心理的健康、增加人格的魅力、优化心理素质，已经成为每一个立志成才的大学生必须面对的时代课题。

（一）判断心理健康与否的方法

人的心理是人脑的内部活动。科学无法直接测量人的心理，只能根据人的具体活动加以推测，通过测量作为心理外部表现特征的行为（如人的言行），间接知道人的心理特征和心理健康水平。

1. 心理测验法

心理测验法就是采用标准化的心理测量表或精密的测量仪器，来测量与被试者有关的心理品质的研究方法。常用的心理测验有能力测验、人格测验、机械能力测验、语言能力测验、管理能力测验、学术倾向测验、心理健康测验、成就测验及各类职业测验等。此方法除个别使用外，还大量用于团体测验和心理健康流行病调查，其目的是把握某一人群的心理健康分布状况。目前，心理测验法是使用最广泛的一种方法，其用途很广：在教育工作上，可以测量学生的智能、品德、个性发展、学习动机及兴趣爱好，便于因材施教；在人才选拔和职业指导上，有利于实现人职匹配。每一种职业往往对就业人员的心理结构有一定的要求，心理测验便是了解一个人心理结构的一种简洁、可靠的方法。心理测验法虽然科学、可靠，但必须有相应的量表，而且使用者要经过专业的培训。目前有关心理健康方面的量表使用的范围和测定的内容有限，还不能满足需要，因此人们常用精神检查法。

2. 精神检查法

精神检查法原指精神科医生收集精神科病史时，通过交谈与观察检查患者精神活动的一种常用方法，在这里引申为对心理健康状况进行评判的一种方法。通常由具有心理健康专业知识的专业人员，在心理咨询或治疗中，对当事人做出心理健康问题的性质、类型、程度的评判。精神检查法多用于个别检查，要求评定人员具有较丰富的专业知识和经验，否则容易误判，尤其当症状不典型、不明显或时好时坏时，更需谨慎。

在实际心理健康测定操作中，尤其在面临难以判断的情形时，为了增加结论的可靠性，常将心理测验与精神检查两种方法结合使用，或先做心理测验，对提示可能有异常者再进行面谈和深入了解，或先做一般性精神检查，再用适宜的量表做专门评定。

3. 统计学方法

统计学方法是心理测验中经常使用的一种判定方法。尽管个体心理活动的特征有较大差异，但正常人心理活动的各个层面总体上有一个分布比较集中的区域，即常态区域。如果偏离常态分布，超过或低于某个临界限值，就可以视为心理异常。这种判定方法的好处是操作比较简便，有客观的统计学指标，缺点是人群中的少数人（如智商特别高的天才）有可能被当作偏离正常范围而被错误地诊断为心理障碍。无论社会如何进步，即使全体社会成员的心理健康水平有了很大的提高，只要个体间有差异，这些差异就会被视为心理障碍，所以总是有1%～5%的个体被认为存在心理障碍。

（二）大学生心理健康教育的目标

从广泛和根本的意义上说，教育的目的就是要使受教育者的个性得到全面发展。但就大学生心理健康教育而言，其具体的目标是要形成、维护和促进大学生的心理健康，为他们的全面发展提供良好基础。因此，从学生的角度来看，心理健康教育的目标可以分为当前目标与长远目标；从教师的角度来看，则可以分为发展性目标与补救性目标。另外，在教育实践中还要设定一个具体目标，以利于大学生心理健康教育的开展。

1. 当前目标与长远目标

大学生心理健康教育的当前目标主要是针对个体当前存在的问题，如失恋、学习成绩差、被同学轻视、感到人生空虚等，再据此开展及时的心理疏导，解除当事人的心理困扰。长远目标通常涉及大学生心理素质的提高和健康人格的塑造，使他们有机会重新认识自己、接纳自己、欣赏自己，从而克服成长障碍，使自己的潜能得到充分发展。在心理健康教育过程中，当前目标与长远目标应有机地结合起来。

2. 发展性目标与补救性目标

大学生心理健康教育的发展性目标是有目的地培养和促进大学生

的心理素质和心理健康,使他们的心理素质不断优化,从而能适应社会,健康地成长和良好地发展。补救性目标则主要是针对少数在心理上出现问题的学生,是治疗性的和矫正性的。发展性目标与补救性目标结合在一起,其目的是增进全体学生的心理健康,提高大学生的学习与生活质量。

(三)具体目标

具体目标反映学生在不同阶段的心理发展任务。大一新生的适应问题、毕业生的择业问题,都是在现实生活中需要及时进行心理健康教育的具体目标问题。

具体来说,大学生心理健康教育的具体目标主要有以下三点。

1. 了解心理健康的功能

随着社会的发展,人们对心理健康教育的认识也在不断深化,并提出心理健康教育的三级功能:初级功能、中级功能、高级功能。初级功能是传授和提供心理健康知识,预防和减少心理疾病的发生;中级功能是增强心理素质,完善心理调节;高级功能是健全个体,适应社会。目前,我国心理健康教育的水平不高,正处在初级功能阶段,我们要通过全社会的重视,特别是教育部门的重视,逐步发展心理健康教育的中级功能和高级功能,使心理健康教育更趋完善。

2. 学习科学健康知识

了解心理健康的知识,使大学生认识到不仅要有健康的躯体,还应有良好的心理素质和社会适应能力。未来竞争的焦点是人才竞争,而健康水平又是人才竞争中最重要的条件,要使自己保持人才竞争的有利条件,就要有增进健康的紧迫感。

3. 丰富大学生的心理卫生知识,提高自我保健能力

目前,我国大学生的心理卫生知识水平不高,且明显与年龄、学历很不相称。与心理健康有关的知识水平是促使行为和生活方式改变的最基本条件,也是人的整体素质的重要方面。心理健康教育就是要使大学生改变心理卫生知识贫乏的现象,充分利用学校文化氛围好、设备先进、信息传递快、资料丰富等良好条件,让大学生努力掌握并丰富心理卫生

知识,学会观察分析各种生理、心理和社会的影响因素,改变不健康的行为和不良生活方式,提高自我保健能力。

第三节 新时代高校网络思政教育的基本特点

网络思政教育旨在通过校内外网络平台和载体,在高校教育工作者的引领和主导下,实现对大学生思想观念、道德规范、政治观点和信息素养的积极引导,使大学生的行为表现符合社会对其的一定预期和期望,也符合国家对大学生教育管理的目标,真正实现大学生高素质人才的养成。在网络信息化时代,网络自身的特点和大学生个性化发展需求在思政教育的视域里呈现出了教育目标的政治方向性、教育方式的潜移默化性、教育内容的丰富多样性、教育过程的虚拟交互性和教育目的的隐蔽传导性等特点。[①]

一、教育目标的政治方向性

思政教育作为教育主体,用一定的方式将符合一定社会发展需要的政治观念、思想观念传递给教育客体,以期望影响教育客体,使教育客体接受其传递的思想,从而使教育客体的行为方式和思维方式能符合社会发展的要求。这就明显说明思政教育必定包含着强烈的政治色彩,网络思政教育是信息化时代不断发展而拓展出的现实思政教育,从延续性而言,网络思政教育必定带有浓厚的政治色彩。网络本身具有的开放性使得网络自身处在一种“不设防”的状态,它无法实现现实社会那样的强制管理,面对虚拟开放的世界,多元化的价值观念和多样化的文化都会以各种方式或者面貌呈现在网络世界,西方许多国家会通过网络途径将自己所谓的先进理念和观点传递给网民,尤其是青年学生。大学生网络思政教育针对的教育对象是大学生这一群体,他们的政治信仰是否坚定、是否同党和国家保持一致,关乎着我国社会主义现代化事业的发展和未

①理阳阳.基于网络时代视角的高校思想政治教育研究[M].北京:研究出版社,2019.

来。在网络虚拟空间,信息传播难以监控和过滤,这就更加要求大学生网络思想教育必须突出教育目标的政治方向性,始终坚持社会主义大方向不动摇,坚决抵制西方的网络文化霸权行径,积极倡导和秉持社会主义核心价值观。

二、教育方式的潜移默化性

传统思政教育的教育方式主要是灌输,即主要通过教育主体同教育客体进行面对面的教授方式。教师以显性的并且带有强制性的方式对学生进行正面的说教和理论灌输,学生不能自主选择学习的知识和想要获取的信息,完全处在被动的位置,这样的灌输方式忽视了学生的实际需求。网络思政教育则避免了教育主体和教育客体身份冲突的尴尬,通过平等交互式的网络交流模式,参与各方都是以匿名的方式进行思想和观点的交流,隐去了现实社会生活中每个参与主体的社会人信息,消除了大家的现实社会身份信息的包袱。基于此,教师可以利用网络的匿名虚拟特性,积极同网络参与各方进行更加深入的交流和沟通,建立在论坛、贴吧、微博、微信等网络交流载体之上的交流能够让教师更加准确地把握学生的思想动态,从而根据这样的动态做出积极的应对。而对于大学生,在网络虚拟环境中的交流,既满足了其观点抒发和表达的需求,也实现了对公平和平等的追求。这样的方式能够激发参与各方的热情,教师能够充分利用网络载体,依据学生的实际需要,设计多样的教育信息传递方式,营造良好的网络氛围,进而实现教育目标。

三、教育内容的丰富多样性

网络技术的不断发展使多媒体技术得以快速发展,多媒体网络技术的发展又进一步促进了网络思政教育的发展。区别于现实思政教育,多媒体技术使原本平面、静态、现实时空的模式转化为具有声、光、色相结合的立体、动态、超时空的模式,这样的转变和飞跃,为大学生接收信息创造了更优越条件和便利方式。计算机技术的发展尤其是虚拟现实技术的发展,极大增强了网络信息传播的感染力和吸引力,生动的视频资料、色彩艳丽的图片、震撼的音响效果都强烈刺激着信息接收者的感官,这极大地激发了信息接收者的求知欲望。大学生能够享受网络技术的发展所带来的全新的教育体验和非凡的教育感受,这样的感受已然大大超出了传统教育教学单调和枯燥的模式,转而以声音、图像、视频相结合的多维立体的感官体验,使传统的政治理论和枯燥的学术知识都能在虚拟情境中实现寓教于乐的接收模式,知识性、趣味性、娱乐性都将融入科技所带来的教学变化之中。

四、教育过程的虚拟交互性

相对于网络的虚拟交互性,现实思政教育明显存在着教育主客体二元分立的情况,教育主客体界限分明,教育客体始终处在教育主体的权威下,忽略了教育客体的自我需要。网络思政教育在虚拟的网络空间、虚拟的环境中,虚拟的教育主体可以在交流互动中实现教育目标、优化教育效果。人们可以超越时空的限制,在网络中结交朋友、交流思想,每个人都可以用虚拟化的符号上网,大学生在这种符号的隐蔽下,可以依照自己的兴趣爱好和情感需要,自己选择和决定思想的传递和信息的发布,他们既是传播主体,也是受众。网络的平等交互自然置换了现实教育中的单向传播,教师与学生自然在地位上实现了平等,网络思政教育旨在培育和激发学生自我教育、自我管理和自我服务的能力。这种人本主义的教育理念有利于促进双方情感交流的真实性与直接性,提高教师的教育效果和学生的接受效果,从而增强网络思政教育的实效性。

五、教育目的的隐蔽传导性

高校传统思政教育的承担者主要是政治辅导员队伍,他们既是学生的管理者,又是学生的教育者,身兼多种身份,在对学生管理的过程中必然提出严格的要求,容易让学生产生逆反心理,学生往往是敬而远之,有些学生还会故意回避和辅导员的接触而丧失接受教育的机会,因此,学生管理工作者对学生进行思政教育时,就难以达到较好的教育效果。随着网络思政教育的开展,网络所具有的匿名性和虚拟性可以使学生的网上行为方式具有隐蔽性,能够很好地照顾到学生的隐私。相对开放和隐秘的网络环境为学生进行自我思想和观点的展示提供了平台,往往在这个时候,学生心底深处的思想观点和心理状态能够真实地反映出来。教师可以同样以网民的身份进行“自觉”的信息收集,以便深入了解学生的思想状态,从而设计出具有针对性的教育对策,通过旁敲侧击的方式让学生接受自己的观点,这样,网络思政教育就具有更强的实效性。

第四节　新时代高校网络思政教育的主要功能

一、高校网络思政教育功能的具体内涵

“功能”一词最早被用于物理学中,随着人类社会的进步与发展,法国社会学家埃米尔·涂尔干最早使用这个词语,并将其逐渐引入社会科学领域。《现代汉语词典》中对“功能”的定义是:“功”是指成效或能表现出来成效的事情,“能”是指能力或者才干的意思,合起来组成“功能”一词,也就是方法或者事物所发挥有利的作用的意思。“功能”与“价值”和“作用”不能等同,“价值”和“功能”的内在虽然具有一致性,但“价值”的实现却是以“功能”的发挥为前提条件的;“作用”有好的一方面也有相反的一方面,但“功能”就仅仅是指事物发挥出来的积极的一面。综上,“功能”就是指能够让某个事物发挥其所特有的一种技能和才能的意思,是指事物本身所潜在具有的一种特殊的能力或效能,这种特殊的能力或效用在与外部客观环境的相互作用的过程中能够产生对人或者对社会积极向上的一面。

高校的主体是大学生,高校网络思政教育就是高校相关部门和高校教职员工运用互联网思维,在尊重学生主体意识的基础上,利用互联网平台和融媒体技术,有效引导学生进行网络学习、交往、娱乐创造的实践活动。高校网络思政教育功能的内涵由互联网时代的发展趋势、高校思政教育与工作的总体要求以及大学生的思想与行为特点决定,影响到思政教育的性质的同时还涉及塑造怎样的“时代青年”的问题,关系到用什么样的理论、思维模式和技术来培养与教育大学生,进而推动其全面发展。经上述概念分析,高校网络思政教育功能的具体内涵是:高校互联

网技术平台中所具有的能够塑造并提升当代青年大学生正确的思想观念、政治觉悟、道德品质、法制意识、心理素质、行为规范以及文化选择的性能及其实践特性。[①]

二、高校网络思政教育功能的基本特征

高校网络思政教育作为思政教育的一部分,其功能具备了思政教育功能的一般特征。作为互联网和高校思政教育的结合体,高校网络思政教育功能又具备其独特的基本特征,主要表现为多元性、动态性、针对性、隐蔽性。

首先,高校网络思政教育功能携带信息的多元性。高校网络思政教育功能的多元性体现在互联网技术应用的多样性与网络思政教育活动开展方式的结合中。与传统思政教育在高校领域发挥的功能相比,网络思政教育在互联网应用多样性的推动下,携带了丰富多元的信息资源,为开展网络思政教育实践活动奠定良好的资源基础,促进了高校思政教育功能在思政工作与教育教学活动上的多元创新。

其次,高校网络思政教育功能与时俱进的动态性。高校网络思政教育功能的动态性体现在互联网技术发展的推动下高校网络思政教育功能的不断革新中。网络技术不断创新发展给高校思政教育带来新的挑战与机遇,从而实现互联网技术与高校思政教育多维度、多层次、多方面的结合创新,推动高校网络思政教育功能不断发展。

再次,高校网络思政教育功能技术支持的针对性。高校网络思政教育功能的针对性体现在互联网大数据分析技术与高校思政教育管理和教学方式结合中。高校网络思政教育通过大数据技术可以真实全面地了解到学生的思想动态,从而为思政教育管理与教学树立好靶子,让其有的放矢。

最后,高校网络思政教育功能有待挖掘的隐蔽性。高校网络思政教育功能的隐蔽性体现在互联网技术与高校思政教育功能的结合和创新有待发掘中。互联网技术的体量庞大,高校网络思政教育的功能在互联网技术的支持下所衍生的功能十分丰富,但这些丰富的功能往往容易被

①谈娅.新时代高校思想政治教育创新研究[M].重庆:西南师范大学出版社,2021.

人忽略,很多功能仍有待发掘与改善,这就导致了技术层面上的高校网络思政教育功能有待发掘。

三、高校网络思政教育功能的生成逻辑

随着互联网技术与网络虚拟空间渗透于高校学生学习与生活的各个方面,利用互联网技术优化网络思政教育功能成为新时代高校网络思政教育的发展方向,党中央提出维护网络意识形态安全的号召以及创新发展网络思政教育的要求是新时代高校网络思政教育功能逻辑生成的起点。新时代高校网络思政教育功能的生成逻辑体现在其自身基质、技术性优化及现实需求中。

首先,高校网络思政教育功能的生成有自身基质。第一,互联网自觉成了高校网络思政教育的隐性载体,互联网中蕴含着丰富的思政教育信息与资源,其中的有益成分通过大学生可以接受的形式融入他们的精神中,塑造着他们的三观。第二,互联网建构了高校网络思政教育的文化育人环境,大学生通过网络与外界进行信息与能量的交换,生成特有的大学校园网络文化,通过发掘校园网络文化中的有益成分,并对校园网络文化圈实行“氛围管理”,将其转化为网络思政教育功能发挥的重要力量。第三,互联网技术对时空的超越性为高校网络思政教育效能发挥打下良好基础,传统思政教育的传播方式在互联网技术的推动下比以往更高效便捷,网络技术的发展与普及使高校网络思政教育功能的生成成为可能。

其次,高校网络思政教育功能生成建立在技术优化上。高校网络思政教育功能的生成是利用互联网技术优化网络思政教育,最终提升网络思政教育实效性的结果。技术确实是一种力量,尤其是在技术范式里,技术贯穿生活和心灵核心的程度可能更甚以往。第一,高校网络思政教育运用互联网的载体技术在网络空间向学生主体传播思政教育内容,从而实现规范思想、塑造品格的目的。第二,高校网络思政教育利用大数据技术对学生主体的网络喜好进行数据分析,根据分析结果对传播内容进行包装与优化,提升内容的亲和力,增强学生的归属感。第三,高校网络思政教育利用互联网技术对网络思政教育的成效进行评估与分析,从

而反思在开展网络思政教育活动时的表现,完善网络思政教育内容。

最后,高校网络思政教育功能生成体现在现实需求中。互联网技术随着时代的进步而不断发展,同时也赋予了高校网络思政教育功能更新的无限可能。面对传播快、影响大、覆盖广、社会动员能力强的微博、微信等社交网络和即时通信工具用户的快速增长,如何加强网络法制建设和舆论引导,确保网络信息传播秩序和国家安全、社会稳定,已经成为摆在我们面前的现实突出问题。面对网络空间的意识形态安全问题,对网络主要受众的大学生开展网络思政教育以及用互联网技术优化高校网络思政教育功能的实效性刻不容缓。随着时代的进步,高校网络思政教育领域的矛盾与问题也在不断更新,因此,对于高校网络思政教育功能的现实需求推动其在时代的进步中不断更新与完善。

四、高校网络思政教育功能的现实意义

新时代互联网信息技术的发展给高校网络思政教育工作带来全新挑战的同时,也给网络思政教育转型升级带来了重大机遇。我们必须科学认识网络传播规律,提高用网、治网水平,使互联网这个最大变量变成事业发展的最大增量。发挥高校网络思政教育功能就是要在新时代背景下,把互联网这个最大变量转换为高校思政教育管理与教学工作和立德树人的最大增量。

首先,高校网络思政教育功能的发挥巩固网络意识形态稳定。加强对高校网络思政教育功能的研究是响应国家安全战略的主动之举。在当前全球化的背景下,国内外的社会思潮倾向在高校汇聚,社会矛盾也向高校转移,高校要利用好互联网技术,扩大主流意识形态的覆盖面,抢占网络思政教育的高地。

其次,高校网络思政教育功能发挥推进高校网络育人体系建设。高校发挥网络思政教育的功能就是要构建高校网络育人体系,丰富发展网络育人载体技术,从线上线下、师生并行以及生活学习三个方面出发,将立德树人的核心内容通过网络多渠道、强扩音的形式传播,唱响主旋律。

最后,高校网络思政教育功能的发挥有利于分析大学生思想动态。在总结网络发展规律的基础上,创新宣传社会主义核心价值观,营造积

极向上的网络文化氛围,用正确的舆论引导学生、科学的精神武装学生、高尚的精神塑造学生以及优秀的作品鼓舞学生,努力提升高校网络思政教育功能的时效性与针对性,实现培养新时代德、智、体、美、劳全面发展的社会主义合格建设者和可靠接班人。

五、新时代高校网络思政教育功能发挥的价值

(一)巩固高校网络思政教育主流价值导向

进入新时代,随着我国社会主要矛盾的变化与互联网技术的发展,网络信息呈现出传播快、辐射范围广等特点,缺乏判断力的大学生思想极易受到纷繁复杂的网络信息的影响。在党和国家作出推进网络强国建设、发展在线教育优势的具体号召下,高校应积极将网络技术与传统思政教育方法相结合,把网络思政教育工作做深做细,巩固高校网络思政教育主流价值导向。

第一,互联网媒介丰富了高校网络思政教育的宣传载体。高校网络思政教育工作者通过对身边真实事例信息及全国道德模范等先进事迹的整合,以网络宣传形式让学生了解社会主义核心价值观在现实生活中的具象化,营造良好的高校网络思政教育氛围。通过聚焦大学生关注的互联网热点问题,将热点事件与网络思政教育相结合,提升网络思政教育开展的亲和力,易与学生产生情感共鸣,增强学生的归属感,进一步提升高校网络思政教育的针对性。

第二,互联网技术拓展高校网络思政教育的开展形式。网络交流是高校大学生群体喜闻乐见的沟通形式,运用互联网交流平台开展网络思政教育能在突破时间与空间的基础上,拉近教师与学生的关系,让学生更好地接受教师所传达的有效信息,并内化于心,外化于行。高校网络思政教育工作者通过网络宣传主流价值观的形式,能够引导学生树立正确的三观,从而巩固高校互联网意识形态阵地的稳定。

(二)丰富高校网络思政教育多重育人途径

新时代高校积极发挥好网络思政教育功能的价值,能有效丰富高校网络思政教育育人途径,提升高校网络思政教育育人的实效性。高校网

络思政教育作为思政教育研究的重要领域,其影响力随着互联网技术的不断发展而不断革新,高校网络思政教育育人途径的不断丰富是互联网技术在不同时代与网络思政教育结合好的有力证明。从最初的宣传载体到信息收集,再到现在的大数据分析,高校网络思政教育功能的不断丰富与完善是丰富高校网络思政教育育人途径的有力保障。

第一,网络教育平台丰富高校网络思政教育教学方式。由线下传统教学方式转化为线上线下混合式教学联动发展,从而推动高校网络思政教育功能的不断发展。互联网技术十分丰富,并且一直处于动态发展中,随着高校网络思政教育影响力的不断提升,互联网技术与其多方面的对接创新的可能性也不断提高。

第二,新媒体技术拓宽高校网络思政教育宣传渠道。互联网宣传教育工作是高校网络思政教育的重要部分,高校作为网络思政教育宣传的重要实践地,新媒体技术在高校网络思政教育宣传工作的创新运用拓宽了高校网络思政教育宣传渠道的同时,也将研究者的研究焦点放到了网络思政教育宣传研究上,从而带动高校网络思政教育育人途径的不断完善。

(三)增强高校思政教育网络空间净化效力

网络净化是高校网络思政教育研究的重要问题,同样也是检验高校网络思政教育功能发挥是否成功的重要因素。高校大学生的思想动态走向是影响高校思政教育的成效发挥的关键因素,互联网信息纷繁复杂,网络舆情是影响大学生思想稳定的重要因素。传统思政教育在不了解学生思想具体情况的前提下进行单一理论灌输,不能进行针对性净化,同时也无法分析效果,其净化效力必将大打折扣。高校网络思政教育净化功能的发挥建立在互联网技术与高校思政教育结合的基础上,技术性是其区别于传统思政教育的首要特性。

第一,互联网大数据为高校网络空间净化提供技术支持。高校网络思政教育利用大数据技术可以对互联网信息进行动态监控与分析,通过分析网络上热点话题与事件,从而了解其信息走向,防止不良信息危害大学生的思想稳定。同时,可以主动开展净化工作,通过搜集网络信息资源中的思政教育素材,在真实进行思政教育实践活动时直击学生群体的内心，引发其情感共鸣，用他们喜闻乐见的形式进行意识形态的疏导，从而增强高校网络思政教育的净化效力。

第二，互联网技术的更新不断完善高校网络空间净化体系。高校网络思政教育通过互联网技术构建高校网络净化工作体系，通过对以往的网络舆情事件进行分类汇总，形成数据库，提升未来网络净化工作效率。同时，可以从数据技术的角度科学地分析进行高校网络思政教育网络净化工作后的成效，进而对高校网络思政教育净化工作的各个环节进行反思与改进，不断改进与提升高校网络思政教育净化效力，从而进一步增强高校网络思政教育功能发挥的实效性。

（四）推动高校网络思政教育科学评估发展

2015年1月，中共中央办公厅、国务院办公厅印发了《关于进一步加强和改进新形势下高校宣传思想工作的意见》，指出要创新网络思政教育，网络思政教育工作创新要从世界眼光、中国情怀、时代特征三个维度把握工作前沿，找到工作生长点，提升网络思政教育的科学化水平。创新高校网络思政教育必定是在提升高校网络思政教育成效基础上的，而只有推动高校网络思政教育评估功能的不断发展，才能让思政教育研究者更好地总结与反思高校网络思政教育工作中的优劣，进而不断深化其实践发展。

第一，科学评估提升高校网络思政教育工作者的信心与动力。高校网络思政教育的评估功能让高校网络思政教育工作的成效通过量化数据图表的方式展示出来，并且通过互联网技术的分析，能让其看到开展思政教育实践活动后对学生群体所产生的效果，促进教育工作者提升自身互联网技术与素养，开拓互联网技术与高校网络思政教育实践活动的创新点，进而推动高校网络思政教育的实践发展。

第二，科学评估与高校网络思政教育实践协同发展。高校网络思政教育的实践发展推动高校思政教育量化评估功能的不断革新，随着高校网络思政教育中互联网技术实践的不断深入，必将探索出高校网络思政教育更便捷、更直观的评估方式，从而反作用于高校网络思政教育整体功能的发展，二者形成相互促进、相互发展的良性互动模式。

第二章 新时代高校网络思政教育的对象与目标

第一节 新时代高校网络思政教育的对象分析

一、大学生发展理论

(一)大学生发展环境理论

大学生发展环境理论关注的是大学生成长发展与高校环境的内在关系。加州大学洛杉矶分校阿斯汀教授(Alexander W. Astin)的“Input-Environment-Outcome(I-E-O)大学影响模型”具有一定的代表性。在I-E-O模型中,“高等教育的‘输出’或‘效果’是‘输入’(学生的特点和经历)与‘环境’(学校的学术氛围、社会交往等)相互作用的结果”。具体而言,输入要素包括人口统计学信息、教育背景、政治倾向、家庭结构等,环境要素是指进入大学后所接触的精神、制度、文化人员等,输出要素是指学生的知识、技能、态度、信念、价值、行为与人格等。①

遵循I-E-O模型的基本思路,高校需要积极为学生创造无缝链接的、具有一定挑战的教育环境,增加学生的学习投入,提高学生的学习获得感。具体来说,高校需要做到以下几点:一是研究和掌握学生的基本信息,研究、分析学生的人口学特征、自我效能感、经济状况等个人因素,掌握学生个性化的发展需求和期待。二是以师生互动为切入点,进一步提高学生的学习主动性。三是营造支持性的校园环境,如改善组织机构(如改善教学管理人员数量和专业化水平、增加校内兼职机会、完善奖助学金政策)、空间布局(如增加生活休闲设施、改善空间设计)、教育内容(如及时更新教育素材、增加课外活动数量)等学校环境因素。四是构建

①吕开东.新时代高校思想政治教育工作探索[M].北京:光明日报出版社,2019.

跨学科的同伴互动互助平台，提高学生的学业成绩、积极参与意识、教育满意度和保留率等，促进学生的个性化、多样化发展。

（二）社会心理理论

社会心理理论关注的是大学生个体的成长发展，认为大学生的成长是在一系列充分与他人、团体的互动中实现学生在不同情境下自我体验、自我了解的发展过程。

美国心理学家埃里克森（E. H. Erikson）是这一研究领域的奠基人，他的社会心理发展理论（Theory of Psychosocial Development）认为，社会文化背景影响学生的人格发展，自我在人格发展中的作用是建立自我认同感和满足人控制环境的需要，并把自我意识的形成和发展过程划分为八个阶段，这八个阶段的顺序是由遗传决定的，每一阶段能否顺利度过却是由当下的发展环境决定的。这八个阶段主要包括婴儿期（0～2岁）基本信任和不信任的心理冲突，儿童期（2～4岁）自主与害羞（或怀疑）的冲突，学龄初期（4～7岁）主动对内疚的冲突，学龄期（7～12岁）勤奋对自卑的冲突，青春期（12～18岁）自我同一性和角色混乱的冲突，成年早期（18～25岁）亲密对孤独的冲突，成年期（25～50岁）生育对自我专注的冲突，成熟期（50岁以上）自我调整与绝望期的冲突。由此来看，大学生处于成年早期，在这一阶段要更加注重在社会交往中建立良好人际关系，促进大学生的社会化发展。

大学生发展七向量理论由阿瑟·奇克林（Arthur W. Chickering）在1965年的《教育与人格》中首次提出。七向量理论包括能力培养、情绪管理、自我独立、成熟人际关系、确立同一性、确立成长目标、自我完善，是美国社会心理学派中影响最大的大学生发展理论。奇克林认为，大学生发展的七个向量之间并不是严格的单方向发展关系，不总是从一个向量直接发展到另一个向量，而是彼此之间交叉反复、螺旋上升，并指出教育环境对这一过程产生强有力的影响。奇克林等人还通过梳理归纳不同学校的成功经验，总结出优秀本科教育实践的七项原则。

第一，鼓励师生间交流。学校要创造条件，支持教师在课堂内外加强与学生的互动，帮助学生增加学习动力、处理生活中遇到的问题。

第二,鼓励学生间合作。创建教育合作关系是大学生发展过程中的重要一环。大学生的学习具有社会性和合作性,同学之间的交流能够让他们获取不同的观点和想法,这样不仅能更有效地解决问题,也能提高学生的倾听能力、尊重不同观点的能力以及思维的敏捷性。

第三,促进学生积极学习。大学生在学习过程中要主动思考,多动手,记下重点与创新点,将理论与实际联系,尽可能地内化学到的知识。

第四,及时给予学生反馈。一方面,教师在学生学习的过程中要给予学生有效的、及时的反馈和指导性意见,促进学生的学习;另一方面,学生也要及时向教师表达自己的期望,包括希望学到哪些知识等。

第五,加大学生学习时间的投入。学生的学习效果与投入的有效学习时间成正比关系。想要取得更好成绩,学生要学会科学地分配与管理学习时间。

第六,设立高期望值。要想获得较大的收获,就要具有高期望值。学校和教师要对学生抱有更高的期望,严标准、高要求,不断促进大学生的全面发展。

第七,尊重学生的个人才能和学习方法。在培养学生的过程中,教师要鼓励学生发挥自己的特殊才能,采取不同的方法促进学生个性化发展。

二、高校网络思政教育的主客体

(一)网络思政教育的主体

1. 主体

"主体"在希腊文中原本是指"在底下的东西",在这个概念的发展历程中,哲学家们对其进行了各自不同的阐释。

首先,从本体论角度来看,亚里士多德认为主体是属性、状态、关系和作用的承担者,从这个意义上说,主体其实就是本体。马克思曾说"物质是一切变化的主体",他还把贵金属比作"货币关系的主体""作为货币关系的承担者"。为什么本体论意义上的主体只能被视为本体呢?原因在于在混沌的世界本体中,作为世界整体的物质没有对象或客体,唯有其自身的客观存在。

其次，从认识论角度来看，唯心主义哲学家大多将主体理解为精神本体，即一种“无人身的意识”。譬如，笛卡尔的“我思故我在”认为，因为主体可以思维，所以证明主体是存在的，这实则是为了说明主体就是一种“思想”。“以观念为对象的精神实体”则是贝克莱心中的主体。康德认为主体是认识主体和意志主体的统一体，而且意志主体在他心目中所占的比重更大一些。费希特和谢林则分别将主体看作“绝对自我”和“绝对同一性”。在黑格尔眼中，主体等同于单独存在的精神实体，他认为“思维就是存在”，思维是主体，存在是宾词。而在费尔巴哈那里，“认识的主体并不是自为的理性，而是现实完整的人的实体”“理性的主体只是人，是人在思想”。可惜的是，费尔巴哈所理解的主体不是现实的社会中的人，不是积极主动影响和作用客体的主体，其主体性自然被消解殆尽。马克思创立的哲学理论体系对之前的哲学特别是德国古典哲学的主体观进行了扬弃，在《〈政治经济学批判〉导言》《1844年经济学哲学手稿》《关于费尔巴哈的提纲》和《德意志意识形态》等著作中，其对作为主体的人进行了一系列规定和确认，逐步建立起以实践为核心的主体观，从而帮助人们找到了理解人类历史发展的金钥匙。

最后，从广义的角度来看，主体可分为个体主体、群体主体、社会主体和类主体。广义主体观认为主、客体分别指的是在普遍存在的事物相互作用中能动的、主动的一方与受动的、被动的一方，事物相互作用过程中能动与受动、主动与被动的关系构成了广义上的主客体关系。在这种关系中，人和物在事物相互作用中的地位不同，均有机会成为主体或客体。这种主体观虽然对克服以人类为主体的“人类中心主义”和以自我为主体的“自我中心主义”不无裨益，但也存在着对主体和主体性消解的倾向。另外，李德顺教授认为，主体就是指“对象性行为中作为行为者的人”，这个观点是比较准确和深刻的。

主体性问题也是主体理论体系中一个非常重要的问题。在主体与客体的关系中，主客体各自有着自己独特的属性。这种特殊属性既表明主体与客体存在的客观情况，又说明它们的存在与它们在各自关系中的表现状况。如“教师与学生”“老板与员工”“人与自然”等不仅说明了它们的本质和客观存在，而且也指明了各自在这种联系中的地位和作用。按照马克思主义的观点，只有人才能成为主体，因此主体性自然也就存在于人的各种特殊本性之中。更进一步说，主体性不是人性的一般表现，而是具体的人性在具体的主客体关系中的特殊表现，人只有成为主体时，才有主体性一说。人要成为主体，必须通过自己的活动使自己处于一定的主客体关系之中，而他在建立和推进这种关系时表现出来的作用、能力和地位体现的人性的精华部分，也体现了人的自主性、目的性、主动性、能动性、自由性等活动的地位和特性，这也可以被视作主体性的具体内涵。从这个意义上说，主体性可以首先被理解为人性的高层次、高水平的表现，现实主体性包括人自身的现实结构和规定性、人在其对象性关系和行为中的"为我"倾向、人的主动自为性和自律与他律的统一等基本内容。若要更深层次地思考和探究主体性及主体性问题的实质，我们也可以这样来界定和概括：主体性，实际是指人在自己对象性行为中的权利和责任特征；主体性问题，实质是人在自己对象性行为中的地位和作用问题。

2. 网络思政教育主体

网络从刚开始的神秘莫测到现在走进寻常百姓家，其神秘面纱被层层拨开，党和国家领导人也以高度的敏锐性和责任感对抢占意识形态高地、争夺舆论斗争主战场给予了应有的重视。与此同时，学界和理论界也以自己的学术敏锐性和科研责任对网络思政教育的理论与实践加紧展开了研究，进而驶入了学科化的研究阶段。但任何一门学科的研究基点都是从其研究对象开始的，到现在为止，对网络思政教育的研究还处在不断深化的阶段，这就使得系统深入地了解和梳理网络思政教育的研究成为开展其主客体研究极其重要的理论准备和积淀。

网络思政教育主体的工作内容与工作要求主要由三个部分组成，首先是对受教育者的基本信息、情感世界和思想困惑进行全方位立体式的摸底；其次是对受教育者的网络思政教育内容的选择和学习进行科学理性的指点；最后是加强对受教育者网络基本知识方面的培训，帮助其掌握必要的网络思政教育的设计方法和实施方式等技能。另外，引人深思的是，计算机强大的记忆、存储、运算能力使得互联网变为了一个能够迅速获取、识别、加工、传递信息的智能网络，这种由“人—机”连成的智能网络在网络思政教育实践中发挥着越来越重要的作用，从某种意义上来说，智能网络逐渐开始具有主体品格甚至与网络思政教育的主体混为一体、真假难辨。

教育者和受教育者在网络思政教育实践活动中分工明确，各自发挥自己的作用，行使自己的职责。教育者承担着网络精神的引导、思想交流的策划以及网络信息的筛查、公告工作，开展和推进网络思政教育实践活动是其重要职责。受教育者在网络思想沟通交流中经常只是浏览和被动接收信息，久而久之在信息传播过程中就会逐渐习惯被动获取、处理、消化信息，这样持续发展下去将直接导致受教育者依赖者身份和从属地位的形成。网络世界与现实世界有着千丝万缕的联系，有时会呈现一种“镜像”、折射和放大的关系，网络行为不可避免地会以现实世界为原型和参照。虚拟主体在网络空间中，借助数字化、符号化技术和手段使虚拟物成为自己认识和实践的对象，在这些经常化的虚拟实践活动中，虚拟主体的虚拟实践能力会逐步提升，并将最终掌握这种网络世界中的新型实践方式和技能。

归根结底，网络虚拟实践活动还是要靠现实的人来组织和实施，网络主客关系实质上是现实的教育主客体在网络虚拟环境中通过思想和精神交流而结成的。在网络条件下，人的思想道德发展呈现出网络化、个体化和社会化的特点，因此，网络思政教育更要以开放、平等、虚拟的网络社会为背景来考察和把握其主体。当网络思政教育主体之间用实名制方式进行思想和精神交流时，以现实世界交流互动方式沟通的双方即为网络思政教育主体；当双方借助数字化、符号化的虚拟方式进行交流互动时，网络思政教育的主体就会转变为以网络虚拟人身份出场的双方。

综上所述，网络思政教育主体就是指在网络空间中有目的、有计划、有步骤地推行和施加旨在影响和改变网民思想和行为的人，它主要分为个人主体和群体主体两大类。个人主体主要包括网络思政教育工作者、网络监管人员等，群体主体主要包括网络思政教育的主管部门、实施部门、监管部门、网络技术服务部门等网络思政教育实践活动的组织者、承担者和发动者。网络思政教育主体用哲学术语亦可表述为在网络思政教育实践活动中的实践者和行为者，它在网络思政教育对象性关系中居于主导地位，起着引领和深层影响的作用，并在教育实践活动中彰显其浓厚鲜明的主体性。

网络思政教育主体与传统思想政治教育主体既有相通之处，又有各自独特的属性。主体是指在一定的对象性行为中作为行为者的人，换句话说，主体是指具有一定的认识能力和实践能力的现实的人。从中我们可以看出主体是人，不是自然，不是物质，也不是观念的世界。同样是人，同样作为主体，网络思政教育主体与传统思想政治教育主体在自觉能动性、主动自为性、独立自主性和创造创新性等方面具有相通之处。

一是自觉能动性。自觉能动性在人类认识主观世界和改造客观世界的过程中起着重要的精神动力和智力支撑作用，它可以充分调动人们的积极性、主动性和创造性来认识和改造客观世界，自觉能动性是主体性的集中体现和典型表达，它是通过作用于自在之物而证明自己身为自为之物的存在，从而体现和实现“为我性”和“自为性”这种主体的权利与责任特征。网络思政教育和传统思想政治教育中主体的主体性均可以通过能动性的发挥程度来予以展现，只不过在网络环境中，网络思政教育的主体所能施展的空间更大、借助的手段和载体更多样化一些，其自觉能动性展示体现得更明显充分罢了。

二是主动自为性。网络和传统思想政治教育的主体均是依据自身的规定性和本质力量来与客体相互作用的，他们不仅仅止于对客体客观存在性的认可，还要通过自己的活动去主动地改造现实世界，确立自己在这一主客体关系中的主动地位。可以说，主动自为性是主体不可或缺的共同属性，不同的是在网络空间中主体开展人际交往更具有开放、交互、自由的特点，这使得主体能在广泛的交往活动中更加清楚地看到自身的不足和缺陷，有针对性地修正完善自己。

三是独立自主性。网络思想政治教育的主体和传统思想政治教育的主体都具有自主性，他们都会根据自身的目的和需要来施展教育实践活动。在什么时间和地点、通过何种手段和方式来实施、如何检验和巩固效果等一系列的问题都需要主体对自己所施行的思想政治教育活动予以决策和支配，这种独立自主性都能调动和发挥二者主体性的生长和增强，只不过网络思政教育主体在信息的采集运用，多媒体的使用和趣味性增加，尽量摆脱时间空间的限制等方面拥有更大的独立自主权。

四是创造创新性。创新对一个民族的发展和社会的进步来说至关重要，创造性具有超越现实的魔力和属性，它与主体能动性密切相关。人类的进化和发展历程表明，人并不仅仅是从自然界中摄取现成的物质，而是要根据人类自身的发展需要进行一种自主性的、能动性的、创造性的活动。在这个创造性的改造、创新性的发展的过程中，人的主体性得到了极大地激发和确认，使之产生了完整意义上的真正的人类主体。网络思政教育主体在网络空间虚实二重性的作用和刺激下容易迸发思想的火花和智慧的力量，创造创新性也比较容易实现。

（二）网络思政教育客体

无论从逻辑的角度，还是历史的层面，考察和理解网络思政教育及其特殊性时有一个始终无法绕开的核心问题——主体、客体及其相互关系。网络思政教育客体作为网络思想交往和精神交流对象性关系中的作用对象，其地位和作用是不言而喻的，具有明显的不可或缺性，亦即离开了网络思政教育客体，网络思政教育主体将无法立足，网络思政教育主客体关系也无法产生和存在。当然，从哲学层面来研究客体有助于我们从更深层次上来理解和解读网络思政教育客体。

1. 客体

根据马克思主义理论的观点，客体是指在主体实践活动和认识活动中被主体认识和改造的对象，更进一步说，客体是指“对象性关系中的行为对象”。当然，也有学者认为客体就是在实践活动中被动、接受的一方，其在主体开展的对象性活动和关系中处于“被动态势、受动作用、消极态度和受控地位”。从客体的外延上说，客体大致可分为自然客体、社会客体、精神客体和价值客体等类别。同时，客体还具有对象性和对主体的依存性、客观性和对主体的制约性、历史性等丰富的规定性。由于人类的实践活动范围既包含人以外的物质世界，也包含人类自我改造和自我认识的对象，即人类自身，因此客体也包括主体的对象性活动和被认识、被改造的“客我”。在教育行为、体育比赛、经济活动、科学研究等人类活动中，人和人总是一种互为主客体的关系，而且每一个人也都有“自我主客”的特质。从这个意义上说，人总是同时既为主体又为客体，人是具体主客体的统一。这一观点有助于我们加深对客体的认识，也是对主客体认识中见解比较深刻的一种观点。

客体性是指客体的特性，实质上指的是对象性。要理解和把握客体的特性也只有从具体的主体与客体的关系中去找寻。当某事物或人充当了认识活动和实践活动的对象时，它们除了具有客观性之外，还同时具备与主体相对立的其他特征：一是与主体对立的自身规定性，即当客体是物时，物具备的与人相异的本质、结构、条件就是客体性，当客体是个体或群体时，这些人与主体在同一具体关系中相异的条件、目的、地位和方向就构成了客体性。二是客体相对于主体的自在性，主体只有在实践活动时客体这个客观存在才成为它的对象。在主客体关系中，客体不会天然地与主体保持同向，而需要主体在进行活动时去努力驾驭或改变。也就是说，客体的存在不会主动去迎合主体的“为我”目的，对于主体来说，客体本身具有异向性或异在性，因此主体有责任和权利以适当的方式处理好与客体的关系。三是客体相对于主体的他律性，主体的自为性和“为我”性在整个主客体关系中占据着标志性地位。列宁在解释黑格尔的名言“主体在其自在和自为的规定的存在中所固有的对自己的确信，就是对自己的现实性和世界的非现实性的确信”时曾说：“世界不会满足人，人决心以自己的行动来改变世界。”这表明了主客体关系存在着随意性和主观化的偶然性。但人类的历史表明，由于客体对主体始终具有他律性、制约性的特殊作用，才使得人类的行为并没有滑向随意化、主观化的泥潭和深渊。从这个意义上说，客体对主体不仅起着“镜像”作用，还能直接影响主体并导致主体调节和改变其行为。更进一步说，存在对思维、世界对人的制约作用也可从客体对主体的他律作用中得到最直观的显现。客体性也是正确理解网络思政教育主客体问题中一个十分重要的基础性问题。

2. 网络思政教育客体

在网络思政教育客体理论中，一个不得不直面和很容易令人迷惑的问题是，在网络思政教育过程中，网络所起到的作用和影响仅仅是改变了教育主客体的存在和作用方式，却无法改变教育主客体依然客观存在的事实。例如在网络思想互动过程中，那些主动编发、推送一些具有深层次、原创性、影响大的权威信息者，往往在网络思想交流中占得先机和主动，率先成为网络精神交往的主体；那些在网络思想交流中仅满足于浏览网页、被动获取信息、转发含金量较低且无影响力话语的"二传手"，则无疑会沦为网络精神交流的客体。在这个信息传递和产生影响的过程中，网络思政教育主客体泾渭分明、一目了然。

网络思政教育的客体，换一种方式来表述的话，就是指人在网络思政教育实践中所指向的对象，它与网络思政教育主体同样遵循主客关系原理，但要特别注意如下几个方面：一是它们既是一对关系范畴，也是这对关系范畴中的实体项目，亦即主体与客体作为现实的存在者具有一定独立的现实性和完整性。二是主体性即主体人全部本性与特性的总和，客体性即行为对象的所有现实特性的总和，需要注意的是，不能简单地用主体或客体中的某些片面的要素或抽象的特征去指代主体或客体本身。

在网络思政教育活动中，教育者和受教育者的主体性的发挥，只能通过积极参与认识活动、实践活动来激发和彰显，它们是一对互以对方为自身规定性的关系范畴，需要注意如下几点：一是当教育者和受教育者在网络思想交往过程中把对方视为行为对象且有计划、有步骤地去改变对方的思想和行为时，自己就上升为主体，对方就沦为了客体。二是智能网络既充当了教育者发布信息的媒介，也充当了受教育者获取信息的中介，也可以算作网络思政教育客体的组成部分。三是网络思政教育者和受教育者在进行自我教育时，各自均具有"自我主客"关系，即双方都同时变成了具体主客体的统一体。

综上所述，网络思政教育客体就是指网络思政教育主体在网络教育活动中认识和实践的对象，即网络思政教育对象性关系中的行为对象。网络思政教育客体具有被动性、受动性明显降低和主动性、积极性显著提高的特点，它在网络思政教育主客体关系中扮演着十分重要的角色，在主客体的思想交往和精神交流中一旦时机成熟和条件具备，往往能够“反客为主”，实现逆袭，即使客体主体化成为现实。这个情况或特性是我们在认识和把握网络思政教育客体时应该注意的一个方面，也是我们把网络教育实践活动朝纵深方向推进和激发网络思政教育客体主体性的重要依据。

第二节 新时代高校网络思政教育的价值目标

一、新时代高校网络思政教育资源建设必要性

（一）国家教育事业创新发展的要求

现代化教育概念一经传入，我国便进行了促进优质教育资源的建设与共享，关注网络环境下资源整合、资源共享及资源应用与实践研究，扩大优质教育资源覆盖等一系列探索。现代化教育事业探索至今，网络思政教育作为信息时代思想政治教育的新发展，网络思政教育资源作为网络思政教育的依托与支撑，是推进国家教育事业创新发展、丰富相关资源的重要一步。可见，在我国现代化教育发展进程中，建设优质资源始终占据重要地位。高校应积极响应国家号召，顺应国家教育事业发展趋势，积极推动网络思政教育资源建设，推动国家教育事业的完善和发展。①

（二）顺应网络时代社会发展方向的要求

做好高校思想政治工作要因事而化、因时而进、因势而新，要遵循思想政治工作规律，遵循教书育人规律，遵循学生成长规律。一方面，随着

①曹爱琴. 新时代大学生思想政治教育理论与实践[M]. 西安：西安电子科技大学出版社，2019.

网络化和新媒体的普及，网络化教育形式逐渐成为教育事业发展的重要潮流，网络思政教育和相关网络资源是思想政治教育与网络接轨的产物；另一方面，国家颁布一系列相关政策，明确指出信息化教育资源建设越来越成为信息时代教育事业发展的重要“推手”。高校应坚持在信息时代的背景下强化网络思政教育资源建设，这不仅是网络思政教育的需要，更是信息时代社会发展方向的要求。

（三）实现高校“立德树人”目标的要求

高校立身之本在于立德树人，要坚持把立德树人作为中心环节，坚持“学校教育、育人为本，德智体美、德育为先”。高校思想政治教育是高校素质教育的重要组成部分，立德树人则是其教育目标的外在体现和高校思想政治教育工作的灵魂。网络思政教育是网络技术和传统思想政治教育融合的产物，能够与以往思想政治教育协同构建出“网上网下”高校思想政治教育模式，不仅拓展了育人规模，还能够改善传统思想政治教育模式的不足，这有助于强化高校思想政治教育实效，推动立德树人根本任务的实现。高校要认识到，储备优质、丰富的相关资源，有利于高校立德树人根本任务的实现。

（四）完善思想政治教育学科建设的要求

完善课程体系。网络思政教育和其他资源的产生更加符合信息时代背景下高校群体的发展趋势和个性化需求。强化网络思政教育资源能够为高校思想政治教育提供丰富的内容、多样的教学形式和有效的教育载体，能够完善高校传统思想政治教育课程体系的不足，继而完善高校思政课程体系。

完善理论体系。网络思政教育和相关资源作为思想政治教育的新领域，同时也是思想政治教育的重要部分。网络思政教育资源作为网络思政教育的重要支撑，所包含的内容是思想政治教育理论体系的组成部分。具备完善的思想政治教育理论体系，有利于思想政治教育理论的突破与创新，有利于为思想政治教育发展指明方向。强化网络思政教育资源建设是完善高校思想政治教育理论体系的重要环节。

(五)推动网络思政教育发展的要求

网络思政教育提出至今,学界坚持不懈地进行理论与实践的双重探索,积累了丰富的经验教训、理论与实践成果。网络思政教育作为思想政治教育新领域,需要丰富的理论与实践经验为基石,以此支撑网络思政教育发展。所以,要想推进网络思政教育长久发展,储备丰富的信息资源和建设更成熟的理论知识体系就成为网络思政教育创新发展的首要任务。因此,高校应充分运用新兴技术强化相关资源建设,以推动资源深层次发展。

二、加强高校网络思政教育的价值

(一)促进大学生全面发展的需要

人的全面发展是大学生教育的根本目标,一直以来,党和国家都高度重视大学生的全面发展。习近平主席曾经将青年时期的价值观养成比喻成“穿衣服扣扣子”,“如果第一粒扣子扣错了,剩余的扣子都会扣错,人生的扣子从一开始就要扣好”。因此,引导大学生身心的健康发展尤为重要,加强高校网络思政教育就是顺应以人为本的要求,积极促进大学生的全面发展。

一方面,高校网络思政教育促进了大学生主体性的发展。人的主体性体现在自身在实践活动中的主体地位、主体意识、主体能力、主体价值等方面。改革开放以来,在竞争较为激烈的社会主义市场经济环境中,增强大学生的自觉能动性和独立自主性显得尤为重要。而网络思政教育要求“加强受教育者之间思想上的交流和沟通,提升网络参与者个体社会化和主体性的发展”。也就是说,高校网络思政教育为大学生自身主体性的发展提供了广阔的空间,思想政治教育过程不再是以教师为核心的教育活动,大学生也不会再迫于教师的教育权威而处于被动地位,他们和教师都是平等的主体,彼此尊重、平等相处。网络是一个各种思想文化并存的空间,不同的价值观念、意识形态、风俗文化在此激烈碰撞,大学生在网络平台中,可以更真实地展示自己的态度,唤醒自主意识,根据主体性自由选择需要浏览的信息,也能根据自己的视角参与讨论，发表观点。

另一方面，高校网络思政教育促进了大学生自觉性的发展。简单来说，自觉性就是自愿完成某件事的自觉程度。可以从两个角度来考察：一是对某事的感兴趣程度，如今网络活动已成为大学生的重要生活方式之一，他们喜欢通过网络进行放松娱乐，将学习和这种他们本来就比较钟爱的生活方式结合在一起，符合他们的兴趣爱好，也能激发他们主动学习的积极性；二是自身的职责意识和责任心的强弱，高校通过网络思政教育提升了大学生的思想觉悟，约束、规范了大学生的行为，使大学生对自身的定位以及肩负的富国强民的光荣使命有了新的认识，这些都促进了其自觉性的发展。

此外，高校网络思政教育在发展和完善大学生思想道德品质的同时，还能够开发和挖掘大学生善于探索和敢于创新的能力，促进大学生综合素质的提升。

（二）推动高校思想政治教育发展的选择

高校网络思政教育是思想政治教育的重要组成部分，通过网络进行思想政治教育是推动高校思想政治教育进一步发展的必然选择。高校网络思政教育丰富了思想政治教育理论，为高校的思想政治教育实践提供了理论指导。任何实践都离不开理论的指导，完善的思想政治教育理论对思想政治教育工作的开展具有积极的促进作用。思想政治教育学科是一个集理论和实践于一身的学科，它将在实践中不断地发展和完善。高校网络思政教育是对思想政治教育工作的一种创新，它没有现成的教育模式和教育方法可遵循，在实施过程中不可避免地会遇到各种问题，教育者只能“摸着石头过河”，这些实践反过来又能检验思想政治教育理论是否正确。在新的形势下，新的载体、新的活动领域需要运用不断完善的思想政治教育理论来指导。加强高校网络思政教育，丰富了高校思想政治教育的理论体系，使得思想政治教育学科不断规范化、科学化、系统化，为思想政治教育提供了正确的指导。

高校网络思政教育提高了思想政治教育的实效性，有力地推动了高校思想政治教育的发展。在新的形势下，网络思政教育是顺应信息时代而产生的，它在一定程度上为高校思想政治教育创造了良好的客观条件。从内容方面来看，高校网络思政教育拓宽了思想政治教育的空间，不仅囊括思想观念、政治观点、道德规范等方面，还包括网络道德素质教育、网络安全法律法规教育等方面。从手段方面来看，网络是高校思想政治教育的重要平台之一，它的展现形式多样，教育方式呈多元化趋势。从教育者和受教育者方面来看，二者不是传统的一对一或一对多的关系，而是多对多的关系，教育关系网明显得到扩大，覆盖范围更为广泛。

总之，网络载体给高校注入新的生机与活力，促进了教育模式和教育手段的现代化，丰富了教育资源，增强了教育的吸引力和有效性。

（三）适应网络时代发展的要求

从高校的角度来看，高校网络思政教育的开展也是顺应建设信息化校园的时代要求。早在2004年，针对高校的思想政治教育工作，党中央就提出要健全高校网络基础设施，推动教务的网络化管理，建立数字化图书馆，促进高校校园的现实性和网络空间信息的虚拟性的有机结合，加快建设信息化校园的进程。建设信息化校园是高校提升教学管理水平、提高教学工作效率、增强教育效果的时代要求，而加强高校网络思政教育，建立信息资源库，对教育资源和教育对象进行数据化管理，实现学校日常教育工作网络管理的常态化，这是一个教育信息化的过程，更是建设信息化校园的一个重要表现。

从大学生的角度来说，大学生是在网络信息技术迅速发展的大背景下成长起来的，网络已融入大学生生活的很多方面。网络空间里美轮美奂的插图、精彩绝伦的视频影音，这些都是大学生喜闻乐见的形式。高校网络思政教育正是适应大学生这一具有时代性的心理特征而展开的，符合大学生的认知习惯。近年来，虽然有关部门和高校从心理学、社会学、教育学等角度对大学生的网上行为进行了理论分析，但如何把握其上网时的行为特点与规律，如何加强大学生网络行为引导，这些问题的研究还有待进一步深入。加强高校网络思政教育，积极引导大学生抵制不良信息和树立正确的价值观，这也是适应大学生生活信息化趋势的要求。

三、高校网络思政教育的目标任务

第一，强化思想引领。高校牢固树立立德树人的目标，加强思想引领与教育教化，引导学生全面发展。

第二，强化载体支撑。充分发挥网络资源优势，实现高校思政教育载体与形式的多样化与现代化，强化教育资源载体的设计、应用、反馈等方面。

第三，强化育人协同。发挥教师队伍的专业化建设优势，共享协同建设，加强校际间合作，利用校外力量，形成协同育人局面。

第四，强化育人实效。围绕“大思政”格局，拓展“大视野”、共建“大云端”、打造“大课堂”、搭建“大平台”、借助“大数据”、汇集“大先生”，完善智慧资源建设与思政教育网络资源体系建设。

每一个人都无可争辩地有权全面发展自己的才能。当代大学生作为祖国未来发展的希望，在信息时代背景下，增强网络学习能力、运用能力、创新能力，这些都是促进大学生全面发展的重要组成部分。高校网络思政教育要勇于立足现状，不断完善，破除陈规，追求进步，以健全大学生网络思政教育，全面提高思想觉悟水平。

第三章 新时代高校网络思政教育平台及其现状分析

第一节 新时代高校网络思政教育平台的内涵

一、高校网络思政教育平台的内涵阐释

（一）高校网络思政教育平台的基本概念

“平台”一词最早用于建筑领域，指高于附近区域的平面。后来用于计算机领域，泛指进行某项工作所需要的环境或者条件。今天，“平台”一词的意义更加广泛，它是指人们交流、沟通、学习、交易的互动舞台。

高校网络思政教育平台是指高校思想政治教育工作者以网络技术为支撑，以各种信息接收与处理工具为载体，结合当代大学生的认知和行为发展特点，按照一定规范对思想政治教育信息进行选择、制作、传递、反馈的网络形式，其目的是使网络信息对大学生产生正向影响，使大学生形成符合社会需要的思想道德素质和信息素养。从性质上来讲，高校网络思政教育平台既是一种载体，也是一种方法。高校网络思政教育平台的发展历程与网络技术发展的历史是相匹配的。[①]

（二）高校网络思政教育平台与传统思想政治教育平台的关系

传统思想政治教育平台主要包括理论学习、主题班会、党团组织、社团活动、心理健康教育活动等。网络思政教育平台是依托校园网络为基础建立的，是传统思想政治教育平台在“互联网+”时代背景下的继承和发展。因此，网络思政教育平台与传统政治教育平台之间关系紧密，不可分割。

---

①严莹.新媒体时代高校思想政治教育研究[M].上海：上海交通大学出版社，2020.

1. 网络思政教育平台与传统思想政治教育平台的优势互补

网络思政教育平台和传统思想政治教育平台都是高校思想政治教育平台系统的组成部分,两者相互联系,互为补充。

第一,网络延展了思想政治教育的空间,实现了两者在教育空间上的互补。传统思想政治教育和网络思政教育面对的教育环境截然不同,环境的改变使得思想政治教育空间无限延展,思想政治教育信息可以通过各种渠道浸润大学生的思想,有效实现全方位育人的思想政治教育目标。

第二,网络丰富了思想政治教育的形式,实现了两者在内容和传播形式上的互补。多媒体技术使思想政治教育的内容变得更加丰富且全面,形式由平面化变为立体化,从静态变为动态,可以调动广大学生的兴趣,从而大大提升高校网络思政教育平台的引导力和实效性。

第三,网络强化了思想政治教育的功能,实现了两者在功能作用上的互补。网络思政教育平台具备传统思想政治教育平台的功能,如引导功能、培育功能、保障功能等,还具备一些特殊的功能。例如,网络改变了传统的交流沟通方式,电子交互式的网络传播使网络思政教育平台呈现出互动功能,该功能可以实现教师与学生之间信息的互动和沟通,增进双方的了解和信任;网络媒介环境具有隐蔽性的特点,教师可以发挥网络思政教育平台的隐形渗透功能,潜移默化地开展思想教育工作,淡化学生的角色意识,通过对学生思想的渗透和浸润,达到水滴石穿的效果。另外,网络思政教育平台还具有预警功能,能及时反映出受教育者对关注事件的观点表达,从而帮助教育者有针对性地开展思想政治教育工作。

2. 网络思政教育平台是对传统思想政治教育平台的突破和超越

在互联网高速发展与变革的时代背景下,网络思政教育平台在诸多方面都具有不可比拟的优势,在某种程度上是对传统思想政治教育平台的革新。一方面,网络思政教育平台打破了教育时空的局限。借助互联网技术,受教育者可以不用在规定时间、规定地点用传统的思想政治教育平台接收教育信息,而是不受地域和时间的限制,随时随地使用计算机或移动通信设施获取教育信息，原先狭小的教育空间变成了开放性的教育场所。网络思政教育平台的超地域性是对传统思想政治教育平台的最大超越。另一方面，网络思政教育平台打破了主客体的身份限制。在传统思想政治教育中，教师往往处于专业权威地位，对学生的教育采用单向式、灌输式的传播方式。在网络思政教育平台上，教师与学生的身份和地位的约束因匿名方式被一定程度地消解，两者之间相互转换，双方通过互动交流平等地参与教育活动。网络思政教育平台能够更好地调动学生选择和接收信息的参与性和主动性，促进网络媒介环境中教师与学生和谐关系的构建。

二、高校网络思政教育平台的基本特征

（一）时效性和兼容性

高校网络思政教育平台的时效性是指其在收集、处理和输出思想政治教育信息上，具有快捷、迅速的特性。网络加快了信息传播的速度，拓宽了信息交流的广度，重塑了人们对时间和空间的常规理解。信息可以凭借庞大的网络，突破时空界限，迅速到达网络世界的任意一点，这就意味着大学生接收信息比以往任何时候都更加畅通和便捷。社会的热点和焦点问题往往容易形成网络舆论，引发学生的关注和讨论。教师可以通过大数据分析，在很短的时间内收集和整理学生关注的问题，获取学生的思想和行为动态，便于及时采取引导举措，有利于帮助学生作出正确的价值判断，从而保障思想政治教育信息的鲜活性和时效性。

高校网络思政教育平台的兼容性表现为两个方面：一是高校网络思政教育平台涵盖了网络的多种终端。思想政治教育信息可以通过固定终端（如台式电脑）发布，也可以通过移动终端（如手机）发布，尤其是移动终端的广泛使用，可以跨越地域和时间的限制，随时随地进行信息的发布。二是高校网络思政教育平台集合众多功能于一体。随着媒介技术的发展，媒介产品的功能实现了多元的开发，如QQ、微信、微博等，除了具有信息传递、资源分享等基础性功能外，还延伸出购物消费、移动支付、公益服务等新功能，为大学生提供学习、娱乐、社交、消费等综合服务，满足其个性化的需求。此外，高校网络思政教育平台实现了功能的

嵌套,如微信、QQ和微博,用户只需要登录一个平台就可以实现信息的同步传递,大大提高了信息传递的效率。

(二)渗透性和交互性

高校网络思政教育平台的超大容量性和形式兼容性使其具有更深层次的渗透性。对于伴随网络成长起来的大学生来说,生活即网络,网络即生活,网络已经深入大学校园生活的每一个细节。思想政治教育可以通过网络平台嵌入大学生的日常生活,为他们提供丰富、健康和多样化的网络资源,潜移默化地影响他们的思想,真正使思想政治教育内容入脑、入心,成为大学生的行为纲领。平台的渗透性还体现在推动思想政治教育渗透、介入大学生的生活空间,使思想政治教育更通俗化,更接地气,更利于大学生主动接受。

高校网络思政教育平台为教师与学生开展网络交往提供了良好的场域。高校网络思政教育是按照学校既定的教育任务、选择合适的教育信息、依托合适的网络平台,实现学生和教师之间共同参与、相互作用的行为。进入移动互联网时代,高校网络思政教育平台的交互方式更加多样化,思想政治教育信息实现了“点对点”“多对多”“点对多”“多对点”的传播,大大缩短了教师和学生之间的传播距离,实现了思想政治教育信息的双向互动,师生共同参与信息的产生、发布、传递和接受的全过程,也实现了精神和情感的双向输出。因此,高校要重视网络思政教育平台的各种互动形式,在教师与学生之间搭建桥梁和纽带,营造平等的交往互动关系。

(三)动态性和虚拟性

高校网络思政教育平台不是一个固定不变的系统,它会受到平台的各要素及要素结构关系、平台内部和外部环境的影响和制约。由此可见,要实现高校网络思政教育平台的动态发展,需要思想政治教师熟悉和掌握高校网络思政教育平台运行状态,变化和调整的客观规律;需要从网络思政教育的目标、任务以及学生的网络道德现状等方面分清主次,对平台的各个部分进行有机的排列、组合,使平台各部分都按照一定的规则相互作用、相互协调、相辅相成,整体呈现出一种协调有序的发展状态。

高校网络思政教育平台的虚拟性表现为其建构的思想政治教育环境并不是物化的、可以直接感知到的实体教育环境，而是依赖信息技术建构出虚拟化、数字化的网络空间，以文字、图像、音频、视频等方式存在。网络思政教育平台的虚拟性带来了网络空间的开放和自由，学生可以隐匿真实身份来发布信息、参与网络互动。网络思政教育平台的虚拟性也模糊了真实世界和网络世界的界限，可能会对学生思想品德的形成、行为规范的养成产生些许负面影响。因此，高校要恰当地运用其虚拟性，克服学生在现实思想政治教育过程中可能存在的抵触情绪，在更轻松、更平等的氛围中发挥网络思政教育的育人优势。

（四）整体性和开放性

系统科学认为，系统的要素不是孤立存在的，它们彼此关联、息息相通，又相互制衡，从而形成一个有机整体。因此考察思想政治教育平台时，必须把它看成是一个相互联系的有机整体，必须从整体上把握要素与要素之间、要素与整体之间的关系。高校网络思政教育平台的性质和功能不能简单地等同于各要素性质和功能的叠加，而是要从维护平台整体性的需要和原则出发进行各要素的组合、排列，从而构成有序的平台整体。正是由于平台自身所具有的整体性，才使其体现出自身的性质及功效的整体性，整体性不仅是一种特征，也是一种思维方式。一方面，高校网络思政教育平台要从全方位、全视角、全维度来考量，从学科建设的高度来推进网络思政教育的创新。另一方面，要对构成高校网络思政教育平台的要素、结构、功能等进行深入分析，分析各部分之间的关联性，从而对高校网络思政教育平台的要素、结构、功能等作用机制形成整体性的认知。

开放性特征是指高校网络思政教育平台不是一个封闭的体系，而是一个受到外部环境影响的、需要纳入社会大系统的社会实践行为系统。平台要按照整体运行的特点，不断地根据环境的变化进行调整、稳定，再调整、再稳定，通过与外部环境保持频繁的互动来达到平台整体的统一、稳固和发展。高校网络思政教育平台具有鲜明的时代特征，强调开放性既是平台自身历史发展的产物，又是今后其继续发展的前提。当前，高校需要紧密结合“双一流”背景下高校的发展和创新需求，在高校网络思政教育平台体系中不断融入新内容、新技术和新方法，加固高校网络前沿阵地。

三、高校网络思政教育平台系统研究的理论基础

（一）高校网络思政教育平台系统研究的理论指导

思想政治教育学是马克主义理论体系中一个独立的二级学科，高校网络思政教育平台系统研究具有马克思主义学科的鲜明属性，马克思主义理论是保障本研究准确性、科学性、延伸性的重要基石。

人的全面发展是教育培养的最高目标，是思想政治教育的起始和归宿。马克思关于人的全面发展理论可以从三个层次来理解。

第一，实践活动的全面发展。人类通过参与社会实践活动来实现人的本质。马克思指出：“一个种的全部特性、种的类特性就在于生命活动的性质，而人的类特性恰恰就是自由的自觉的活动。”实践是人类独有的、有意识的、自由的活动，人类的实践活动是以人的主观意志为指导的，能动地改造社会、改造自然和改造人本身的活动。人类在实践活动中进行交往，在交往过程中逐步形成社会关系，在社会关系互动中激发自身的潜力。实践是人所特有的本质活动，人在实践中总是关注自身的目的，并使用一定的工具，采取一定的方式去占有物，以满足自己生存和发展的需求。由此可以看出，需要是人与生俱来的权利，人的各种需要源于人的生存和发展。需要是人类进行实践活动的诱因，也是建立社会关系的内在驱动力。人的需要会随着社会的进步而不断变化，不仅表现为物质需要和精神需要的多样性，还表现为各种需要的多层次性、递进性。人类为了满足不断递进的需要，必须通过社会实践活动来不断实现提升自身的能力。人的能力发展是人的全面发展的核心和精髓，人的能力是伴随着人的实践活动形成和发展的。人只有不断地参与丰富的社会实践活动，能力才能得到全面、有效的提升。人类实践活动的不断丰富和完善，可以有效满足人的逐层升级的需要、推进能力渐进式地持久提升，从而促进人成为全面发展的人才。

第二,社会关系的全面发展。人的本质是一切社会关系的总和。人在参与实践的过程中,会与他人产生千丝万缕的联系,这就构成了社会关系。人与动物的根本区别之一是高度的社会化,人无法脱离社会关系而孤立存在。人的发展水平由社会化程度决定,衡量一个人全面发展的重要指征就是社会关系,实践水平的高低会缔结出不同类型的社会关系。早期人类的社会关系更多表现为对物的依赖,人没有办法摆脱阶级社会的狭隘局限性,人缺乏自由性。随着物质生产关系的极大丰富和发展,人类的社会关系从简单到复杂,从低级到高级,从封闭到开放,每个人的社会关系从实践活动中产生,并且可以被人们自身所控制,人在处理各种社会关系的进程中锻炼和提升了各方面的能力。正如马克思所言:“个人的全面性不是想象的或设想的全面性,而是他的现实关系和观念关系的全面性。”

第三,个性的全面发展。人在社会实践活动中会形成具有个性特征的心理以及行为的发展与完善。从本质上来说,人的个性表现为人的主体性、独立性、创造性三个方面。一是人有主体性。人是有意识的主体,人在意识的驱动下能动地参与和认识世界,在认识的指导下能动地改造世界。二是人有独立性。人在社会互动和实践中形成个性的差异性和独特性,这种差异性和独特性构成了人的独立性,人可以按照自己的意愿安排实践活动。只有人的独立性得到了发展,才能形成独具特色的人格魅力,从而丰富人的全面发展。三是人有创造性。人的创造性是人认识世界和改造世界的能动体现,这种创造性与人的实践活动的深化紧密相关。从马克思的观点来看,人的个性可以通过人的实践活动得到充分发展,人的社会价值得以充分实现。

全体社会成员的体力和智力得到充分自由发展、个性和潜能得到充分发挥是人的全面发展的真正含义。网络的自由、平等和开放的特性为人的全面发展提供了一个崭新的活动空间,探索网络时代的大学生实现自由而全面发展的现实途径非常重要。

网络社会的崛起使各种社会关系发生了深刻的变化,尤其是伴随网络社会成长起来的大学生与网络之间的联系越来越紧密,这势必会对大学生的思想观念产生深刻的影响。要想发挥思想政治教育工作的实效性，就必须认识和了解当代大学生。

首先，要关注大学生在网络平台上的行为实践，分析大学生网络行为背后的原因，从而有针对性地改进网络思政教育的内容和方法，发挥网络思政教育平台的影响力。

其次，要关注大学生在网络平台上的社会关系。网络思政教育平台是为了建立稳定、协调的网络社会关系而产生的。网络的广泛性和虚拟性特征使得大学生的人际交往方式、互动方式都与现实世界有所不同，网络群体的影响力是考察大学生交往行为不可忽视的因素。通过考察大学生在网络社会中的各种社会关系，有助于教师掌握大学生的社会化程度，并根据社会化程度来调整网络思政教育平台的不适合环节，使大学生的能力和社会关系实现同步协调发展。

最后，要关注大学生对网络平台的需要。信息时代，虚拟社会与现实社会的交融使大学生不再满足于信息的简单交互，取而代之的是符合大学生生存发展的信息交流和网络互动方式。大学生的发展需要决定了网络思政教育平台优化的着眼点，从而引导大学生产生健康的物质和精神追求，促使其顺利成长。

实现高校网络思政教育现代化，就是让思想政治教育与网络亲密接触，实现网络和现实思想政治教育的优势互补。现实思想政治教育是网络思政教育的基础，网络思政教育是现实思想政治教育在网络上的延伸和发展，两类思想政治教育平台是相互配合、互荣共赢的关系。网络思政教育平台的虚拟性有助于调动大学生的主动性和创造性，现实思想政治教育平台的真实性有利于强化大学生的主体性。只有做好两种环境下的思想政治教育平台的联动和全程覆盖，发挥两类平台的互补、协同的效应，才能真正实现大学生的全面发展。网络思政教育平台的实施效果取决于能否发挥大学生的自身潜能，能否促进大学生全面的发展。自由而全面的发展是人的全面发展的最高境界。为了实现这一目标，高校要始终以实现大学生的全面发展为根本，关注大学生思想的变化规律，以网络思政教育平台为依托，开展形式多样的教育实践活动，最终实现大学生健康、全面的发展。

(二)高校网络思政教育平台系统研究的理论借鉴

1. 传播学理论

网络思政教育是以网络媒介为载体的现代思想政治教育方式,是适应传播技术的革命而产生的。传播媒介的发展日新月异是网络思政教育最大的优势。研究网络思政教育平台,必须从分析网络媒介入手。网络媒介是以计算机网络,尤其是以互联网为基础的人际传播、组织传播和大众传播于一体的新型媒介,是人类利用互联网汇聚与共享海量数字化信息而形成的交流平台。

网络传播是一种以网络平台为载体,进行信息传递和交流的现代化传播方式,传播学的理论知识对高校网络思政教育平台研究具有重要的参考价值。传播学的重要理论主要有以下几个方面:

(1)"5W"传播模式理论

美国政治学家拉斯韦尔在《传播在社会中的结构与功能》一文中提出的"5W"传播模式是信息传播的直线模式。信息的传播过程由五个基本要素构成,即传播者(Who)、传播内容(Says what)、传播媒介(In which channel)、传播受众(To whom)和传播效果(With what effects)。网络思政教育是一种网络媒介环境中的传播行为。"5W"传播模式理论有助于我们对网络信息的传播者、传播受众、传播内容、传播媒介和传播效果进行全面分析,从而总结出网络传播的特点、规律。这对研究高校网络思政教育平台构成的基本要素、特征、功能、优化、策略等有十分重要的借鉴意义。

(2)"把关人"理论

"把关人"理论是传播学控制分析领域最具科学性的理论之一。"把关人"又称"守门人",最早由美国著名社会心理学家、传播学家库尔特·卢因(Kurt Lewin)提出。他认为:"群体传播过程中存在着一些把关人,只有符合群体规范或把关人价值标准的信息内容才能进入传播的渠道。"信息时代,每个人都拥有传播信息的权利。网络传播的交互性造成了海量的信息传递,其中不乏一些负面信息,容易侵扰大学生的身心健康，削弱思想政治教育效果。因此，高校思想政治教育工作者要对网络思政教育平台上发布的信息的来源和内容进行严格把关，选择规范信息进行网络传播，营造健康的网络传播环境，维护高校网络思政教育平台的公信力、号召力，确保高校网络思政教育平台的传播效果。

（3）议程设置理论

议程设置是由美国传播学者马克斯韦尔·麦库姆斯（Maxwell McCombs）和唐纳德·肖（Donald Shaw）在1972年正式提出，他们通过对1968年美国总统选举期间不同传播媒介的报道对选民的影响进行调查，发现大众媒介对选举的进程产生重要影响。在传播过程中，大众媒介的议程与公众的议程存在高度融合的现象，传播媒介给予某种信息的关注度越高，公众对该信息的重视程度越高。根据这种规律，麦库姆斯和肖认为大众传播具有一种为公众设置议题的强大功能，传播媒介对各种议题重视程度的不同会影响公众的关注焦点以及对社会环境的认知。网络传播时代，多元化的传播者、多渠道的传播路径、复合式的传播形态都使个体在议程设置中的作用凸显。在议程设置中，网民可以选择信息，对信息进行加工和传播，信息在传播过程中被不断丰富和扩散，从而形成影响力强大的网络舆论。鉴于网络媒介议程设置的重要性，高校思想政治教育工作者要掌握传播的主动权，了解大学生的需求，依据高校思想政治教育平台的特点选择议题，引导大学生参与议题的讨论和传播，形成正向的网络舆论，发挥高校网络思政教育平台议题主导性功能。

（4）网络意见领袖理论

意见领袖理论是传播效果研究中的重要理论。美国社会学家拉扎斯菲尔德（Lazarsfeld）发现大众传播具有“两级传播”的特点，即信息从大众传播媒介到广大受众之间还有一个中间环节。意见领袖就是这个中间环节，是指那些活跃在大众传播和人际传播中，掌握更多的信息资源、拥有较强的传播能力，可以为他人提供观点或意见，对他人施加影响的人物。意见领袖同样存在于网络媒介环境中。面对海量的网络信息时，网民常处于不知所措、无法选择的状态，这是信息泛滥所导致的后果。正是网民的需求给网络意见领袖的产生提供了条件。网络意见领袖能够借助网络平台，对热点问题发表个人意见，获得网民的普遍支持和信任，对网民的认知和行为以及舆论的走向产生重要影响。随着网络技术的发展和网络互动性的增强，网络意见领袖的影响更加凸显。面对意识形态领域的竞争，高校需要借助网络思政教育平台培养思想政治教育意见领袖，让网络意见领袖成为思想政治教育信息的把关者、发布者和传播者，从而有效引导网络舆论，形成健康向上的网络传播环境。

除上述传播学的重要理论外，媒介依赖理论、使用与满足理论、“沉默的螺旋”等理论都对高校网络思政教育平台系统研究有指导和借鉴意义。

2. 心理学理论

心理学是一门研究人心理现象、精神和行为的科学。大学生是高校网络思政教育的主体，熟悉大学生的心理活动规律，了解大学生参与网络互动和交往的心理特点和行为模式，有利于打造有精度、有深度、有温度的高校网络思政教育平台。

（1）动机理论

动机理论主要研究人的行为驱动力。人的任何行为都是由一定的动机直接推动的结果。亚伯拉罕·马斯洛（Abraham H. Maslow）的需求层级理论认为，人有五种基本需要，它们像阶梯一样从低到高，依次递进。马斯洛的需求层级理论表明，人的需求层次的差异归因于人的不同动机。大学生存在个体差异，每个人的需求各不相同，甚至同一个人在大学不同阶段的需求也是不同的。所以，大学生参与网络交往和互动的动机呈现多元化，既有高尚正确的动机，也不乏低级错误的动机。高校思想政治教育工作者要了解大学生的网络参与动机，根据学生不同层次的需求，选择契合的网络思政教育平台开展工作，引导大学生实现人生价值和社会价值的统一，实现网络思政教育的思想引领和价值导向的作用。

（2）认知理论

认知是人获得对客观世界认识的过程，它是人脑对各种信息进行组织和解释的过程，包括感觉、知觉、记忆、想象、思维等。人的认知来自长期的社会实践活动，它会形成稳定的心理倾向，内化为人的思想意识，外化为人的行为习惯。认知理论体现着人大脑的活跃性和功能性，体现着个体自我控制和调节的能力。高校思想政治教育要遵循大学生在不同媒介环境下的认知规律的变化，选择和组织思想政治教育内容，增强网络思政教育平台的直观吸引力，激发大学生的参与热情和兴趣，发挥思想政治教育的意识形态主旋律的引导作用。

(3)人际交往理论

心理学将人际关系定义为人们在社会交往过程中建立的心理联系。大学生有充沛的精力、活跃的思维、丰富的情感，随着年龄的增长和社会阅历的增加，大学生对人际交往的需求越来越强烈。网络改变了传统人际沟通的空间和沟通方式，形成了全新的网络人际关系模式。大学生网络人际交往的特点呈现为交往主体的开放性、自主性、平等性、虚拟性等特征。网络人际交往一方面丰富了大学生的交往范围，另一方面也引起了大学生的心理问题。有些大学生长期沉迷网络世界，易造成现实人际情感的疏离；有些大学生习惯网络表达的自由性和随意性，容易产生道德行为失范，这会对大学生思想品德的养成产生不良影响。高校网络思政教育平台系统研究借鉴人际交往理论，有助于高校思想政治教育工作者更加全面地认识大学生网络交往方式和心理成因，从而帮助大学生建构网络人际交往的健康模式，培养大学生的健全人格，引导大学生在网络媒介环境的人际交往活动中茁壮成长。

3. 社会学理论

社会学是系统地研究人类社会、社会行为、社会关系及其变化的一门多范式的学科。网络思政教育平台系统主要借鉴社会学关于社会群体和网络社会的理论。

(1)社会群体理论

社会群体泛指建立在一定社会关系基础上的，经常参与社会互动的，有着共同利益的人群。网络的广泛应用催生了新的社群形式，即虚拟社群。莱恩格尔德(Rheingold)认为："虚拟社群是指一群主要凭借计算机网络彼此沟通的人们，彼此有某些程度的认识、持续的公开讨论、分享某种程度的适合信息,相当程度的如同对待友人般的关怀、通过网络建立个人关系,在虚拟实在中形成社会的集合体。”大学生正形成越来越大的网络群体,具有以下特征。第一,频繁的网络互动。群体内的成员会持续性地参与社会互动。第二,不太稳定的成员关系。大学生网络群体加入或退出虚拟群体,是否参与群体的交往或活动完全由大学生自由决定,社会关系呈现明显的脆弱性和易散性。第三,具有明确的行为规范。为了便于网络监管,虚拟群体会制定行为规范,目的是通过群体压力来警示个体,促进其规范行为的养成。明确的行为规范用来协调群体成员的行为,保证群体功能的实现。第四,具有共同一致的群体意识。群体意识是一种群体归属感,虚拟群体中的大学生往往具有共同的兴趣或价值观,他们参与网络互动可以获得认同感,从而形成群体的共同目标和共同行动。随着大学生对网络依赖的程度越来越高,大学生网络群体承担着大学生社会化的任务。高校网络思政教育平台系统研究应借鉴社会群体的理论,重视对大学生网络群体的分析,了解大学生网络群体形成的诱因,有针对性地开展高校思想政治教育工作。

(2)社区理论

社区概念源自德国社会学家斐迪南·滕尼斯(Ferdinand Tonnies)的《社会与社区》一书,指由具有共同习俗和价值观念的同质人口组成的、关系密切的社会团体或共同体。随着信息时代的到来,人们不再简单地满足信息的获取和传递,更倾向借助互联网满足人的更高层次的需要,如群体生活和情感归属等方面。许多具有一定数量成员、成员互动密切的社会团体在互联网出现,它们被称之为网络社区。高校网络社区是高校网络思政教育关注的重点。高校网络社区具有以下特点:第一,共同的网络生活空间。大学生对网络的依赖性越来越高,高校网络社区已经成为大学生进行社会交往和群体生活的重要场域。第二,共同的网络身份和价值认同。大学生网络社区的凝聚力量是基于共同的社会因素而形成的认同感和归属感。虚拟的网络社区屏蔽了大学生现实中的身份、性别、种族、人生经历的差异,以相同的网络身份、价值观和情感为纽带,形成比较密切的互动关系。第三,共同的活动和利益。个体互动越多,越可能共享情感，越可能参加集体活动。高校网络舆论的形成一定程度上可以归因于大学生共同关注的焦点和利益。大学生群体具有交往频率高、关系持续时间长、群体认知共性强的特点，一些热点事件很容易引起大学生的强烈共鸣，在高校形成具有相当大影响力的舆情态势。高校网络思政教育平台可以借助网络社区的形式，深入了解大学生价值取向、兴趣爱好、学习能力、接受水平等信息，做好高校舆论引导工作，牢牢把握高校舆论的正确导向。

4. 系统学理论

"系统"一词，来源于古希腊语"systema"，是由部分构成整体的意思。古希腊哲学家亚里士多德提出了西方最为杰出的系统论观点，他认为整体大于它的各部分的总和，各部分简单相加并不是整体。德国哲学家黑格尔在其辩证法思想体系中阐述了深刻的系统思想，他认为："全体的概念必定包含部分，但如果按照全体的概念所包含的部分来理解全体，将全体分裂为许多部分，则全体就停止其为部分。"现代系统思想的形成始于20世纪20年代。美国哲学家贝塔朗菲（Bertalanffy）指出，"系统可以定义为相互作用的诸要素的复合体。"在《韦伯斯特大辞典》中，系统则被定义为："有组织的和被组织化的全体"。钱学森认为："把极其复杂的研制对象称为系统，即由相互作用和相互依赖的若干组成部分结合成具有特定功能的有机整体，而且这个系统本身又是它们从属的更大系统的组成部分。"

通过以上学者们对系统概念的不同解读，我们可以从四个维度来理解系统：第一，系统是由要素构成的有机整体。不存在没有要素的系统。系统与要素之间是整体与部分的关系。第二，系统与要素之间具有关联性。各要素不能彼此孤立存在，它们之间有着不可分割、相互依存和相互作用的关系。第三，系统具有明确的目的性。系统具有单一或多个目标，使得系统的运作可以用一种科学有序的方式进行合理的组织和变化。第四，系统必然是有组织结构的整体，只有掌握了系统各要素之间的组织形式和结构关系，才能把握要素的整体性。

第二节 新时代高校网络思政教育平台的功能

一、建构国家主导意识形态的功能

意识形态是马克思主义理论中的重要概念，具有鲜明的阶级性。马克思认为："每一个企图取代旧统治阶级的新阶级……赋予自己的思想以普遍性的形式，把它们描绘成唯一合乎理性的、有普遍意义的思想。"意识形态是物质关系在思想上的表现，是社会成员应达成的政治共识。每一个国家因社会制度不同，都有其相对特殊的主导意识形态，国家主导意识形态是维护国家稳定、推动社会进步的根基。毛泽东在其著作《人的正确思想是从哪里来的？》中指出："代表先进阶级的正确思想，一旦被群众掌握，就会变成改造社会、改造世界的物质力量。"

在中国特色社会主义建设中，高校网络思政教育平台肩负着传播、构建和整合国家主导意识形态的重要功能。在信息时代和市场经济的影响下，大学生的思想观念、奋斗目标、行为方式等都发生了很大的变化。在网络相对自由的环境下，背离理想信念，违反社会道德方面的问题凸显出来，如何把大学生的思想和行为导向积极、健康的方向，如何向大学生传播社会政治观点和执政思想、道德观念和法律规范，提高他们的政治敏锐力、判断力和决策力，增强民族凝聚力，使他们在最大程度上完成政治社会化，实现政治角色的认同，最终形成符合社会主流意识的价值共识，这是高校思想政治教育工作者担负的一项重要职责。

网络通过数字化的编码方式形成共享的信息系统，大大增加了大学生接触思想政治教育信息的机会，为有效开展思想政治教育提出新的要求。高校网络思政教育平台要适应信息技术发展的高速度、云服务、大数据、人工智能的趋势，通过平台要素和结构的调整，营造好传播主导意识形态的网络媒介环境，培养大学生的良好思想素质和高尚的道德情操，培育和践行社会主义核心价值观，促使其思想和行为符合社会发展的正确方向，能够做出科学的价值选择和信仰追求。[①]

二、提高大学生的认知水平和交往能力的功能

认知水平是影响人们思想形成的主观因素之一，即指人们获取、判断、评价信息并应用信息的能力。在计算机网络技术普及运用的今天，大学生的学习方式、教育手段和教育渠道都发生了改变。面对信息时代纷繁复杂的网络信息，应依据大学生认知和交往的特点，探寻做好高校网络思政教育工作的有效途径。覆盖面广是高校网络思政教育平台的突出特点，这使得育人资源可以突破时空的限制，渗透到高校教育教学的全过程和各个环节，拓展了大学生的知识文化视野，提高了他们对客观世界认知的能力。高校思想政治教育平台的平等性和匿名性使得大学生愿意主动参与频繁的网络互动，锻炼了他们的交往能力，使他们对高校思想政治教师产生亲近感和认同感，提升了网络思政教育的教育效果。高校网络思政教育平台的丰富性可以给大学生带来身临其境的真实体验，使思想政治教育栩栩如生，有利于提升大学生的自我认知，完善他们的网络主体人格，大学生可以通过网络不断实现自我教育，成长为合格的大学生网络用户。因此，在信息时代背景下，高校思想政治教育要满足新时代对大学生成长成才提出的新需求，在教育内容设计方面突出针对性和亲和力，满足大学生的知识需求和交往期待。

三、整合和维系社会的功能

具体来说，整合功能具有两个方面的内涵：一是确保高校网络思政教育平台要素的内在稳定性；二是通过主流价值和社会规范等凝聚大学生的共识。我们的社会正处于急剧变化的时期，社会组织结构和经济利益多元化引发了人们价值追求的多样化趋势，对实现高校网络思政教育平台的整合功能造成了不小的困难。高校网络思政教育平台需要从整体上引导和把握大学生的心理，传播主流意识形态，培养大学生的政治热情和政治信念，提高他们的政治素质，并通过正向的舆论宣传，使大学生能自觉约束和规范自己的行为，为共同的社会理想而努力奋斗。

①陈彦雄．高校思政课教学质量问题研究[M]．北京：北京工业大学出版社，2021.

维系功能主要是指高校网络思政教育平台通过营造良好的网络文化宣传环境,加大中华民族优秀传统文化的推广,为大学生铸造坚固的精神盾牌,引导他们自觉地抵制各类腐朽思想的滋生和蔓延,构筑其精神家园。高校网络思政教育平台可以有效预警网络上的意识形态风险,提升高校化解风险的能力,更好地维系社会正常发展秩序。

第三节 新时代高校网络思政教育平台的可行性

一、高校网络思政教育平台构建的可行性评价

校园网接入互联网,为教育教学提供了大量的资源,为学校的教育教学提供了新的手段。网络在时间和空间上都有一定的优势,既便于大学生主动探索,也有利于发展其联想思维,对他们的学习和生活都有很大的益处。

网络思政教育平台在高校的网络环境中具有可行性:①高校拥有学生专用机房,并形成网络环境;②学生开设了信息技术科学课程,学生有一定的计算机应用能力。

运用网络思政教育平台不是用网络课件代替教师的授课,也不是课本搬家以及把“纸质课本”变成“电子课本”,而是注重多媒体和交互特征,强调满足网络化学习的需要,让学生真正参与到网络学习中,对所学的知识点能够有深刻的认识,对时事政治进行讨论,并能对别人的思考进行借鉴,使自己的问题得到解答。网络思政教育平台可以通过答题和征文活动培养学生的思想修养和对舆论的正确理解、把握能力。

在当今信息化的社会环境下,在高校的教学工作中,应使用好这些信息化设备与资源,使其充分发挥作用为大学生的思想政治教育和教学服务,提高教育和教学的效率与质量。

二、高校网络思政教育平台建设的需求分析

高校网络思政教育平台建设是我国社会主义现代化建设对高等教

育的客观要求，是科技进步与时代发展的必然产物。面对当今错综复杂的网络环境和激烈的生存竞争，思想政治教育方面的创新能够使学生在现实生活中更好地处理相应的问题，为社会培养出高素质的综合型人才，他们不仅拥有卓越的专业素养，更拥有高尚的道德品质，对社会主义思想道德有深刻的理解，认真贯彻落实中国共产党的方针政策，热爱祖国，热爱本职工作岗位，具有主人翁责任感。只有通过完善、全面的教育，令人民素质不断提高，社会主义现代化建设进程才能有效推进，紧跟经济全球化脚步，充分参与国际竞争，在世界舞台上展现中华民族的实力与魅力，为维护世界和平发挥更重要的作用。①

（一）我国社会主义现代化建设的客观要求

我国举办的各项国际性的政治、经济、体育活动，充分向世界展现了中国的魅力，让世界了解中国的同时也令中国与世界其他国家的交流更加频繁。自 1978 年改革开放以来，我国的社会主义现代化建设取得了前所未有的成就，人民生活水平显著提高，国家在大力加强基础设施建设的同时更加重视社会主义精神文明的建设，根据时代发展和我国的现实情况进行教育改革，不断出台相关政策促进教育制度日益完善。面对网络技术高速发展给大学校园文化带来的影响，国家加强宏观调控，各大高校在校党委的领导下积极致力于高校网络思政教育平台的建设与创新，使大学生思想政治教育工作成为社会主义现代化建设的强大助力。高校网络思政教育平台坚持以学生为主体，教师积极引导，充分利用网络的开放环境实现大学生的全面发展。

学生始终是整个教育体系的核心，是未来社会主义现代化的建设者，是国家科学发展的希望。高等教育体系培养出来的大学毕业生，不仅要成为专业领域的人才，更要具有高尚的思想道德品质，坚决拥护中国共产党的领导，热爱祖国、热爱人民，通过自己的勤奋劳动实现人生一次又一次实质性的飞跃。升学、就业方面的竞争与压力是考验合格人才的标尺，网络技术给社会生产力带来了长足的进步，大学生要善于运用

①房静．网络时代下的高校思想政治教育思考与建构[M]．西安：西北工业大学出版社，2018.

心理学方法调适好心态，以饱满的精神状态肩负起时代赋予自己的建设使命，通过实践磨炼出顽强的意志和必胜的决心。大学生只有成为符合社会发展的综合型人才，才能真正收获人生的成果，要坚持正确的世界观、人生观与价值观，用社会主义思想道德武装头脑，秉持中华民族传统美德，增强抵御网络上不良信息的能力，善于使用网络，通过网络实现自我，体现存在的价值。

任何人都不能脱离社会独立存在，个人的发展与社会紧密相连。高校网络思政教育平台建设注重学生的个性化教学，打破传统的课堂教学模式，将思想政治教育内容与客观现实有机融合，利用大学生对网络的浓厚兴趣引导其参与社会实践，在实践中学习科学文化知识、养成良好的行为习惯、提高自身的思想道德修养，充分挖掘大学生的潜能，因材施教，使大学生真正成为推动整个社会发展的强大力量。社会发展对高校网络思政教育平台建设工作不断提出新要求，需要全体教职人员共同努力，积极改进教育教学现状，培养出更多适合社会发展需要的综合型人才，从而促进整个社会主义现代化建设的可持续发展，只有各方面资源得以优化配置，师生关系互助和谐，教育系统乃至整个人类社会才能呈现出更多的活力。

网络社会化使高校网络思政教育平台建设逐渐向社会化方向迈进，这同样是社会主义现代化建设的客观要求。社会主义的根本目标是实现共同富裕，这一理想状态需要物质文明建设与精神文明建设两手抓。高校网络思政教育工作应当以大学生为主体，积极培养他们在未来社会精神文明建设过程中的支撑力量，实现网络与中国社会发展的有机协调，及时解决大学生使用网络过程中遇到的困惑，总结出行动准则，建立道德底线，消除困惑，从而使高校网络思政教育平台建设工作收获的实践经验成为社会主义精神文明建设的有益积累，为大学生思想政治教育工作的后续发展创造条件。

（二）国家安定繁荣政治局面的现实保障

提高人民的物质文化生活水平需要安定团结的政治局面，特别是青年学生群体，高校必须加强思想政治教育工作，对学生进行积极引导，避免学生因为缺乏社会经验而导致某些极端性行为，甚至威胁他人生命以及财产安全。高校通过建立大学生思想政治教育主题网站，向学生宣传先进的社会主义思想道德，帮助他们建立对现实世界的正确认知，并且以论坛发帖、在线交流等形式为学生及时答疑，避免不法分子煽动大学生从事反社会活动。同时，高校要加强网络监管，号召学生遇到别有用心的网络信息及时举报，从而在整个校园环境中形成健康向上、严谨求实的治学氛围。

国家经济、政治稳定发展，人民生活水平才能从根本上有质量方面的改善。高校网络思政教育平台建设必须具有全局观念，教师对学生开展思想政治教育教学过程中要渗透党的方针路线，引导学生关注时事，用国际化的眼光来看待当今的政治局势，站在国家战略高度提升自身综合素养。高校网络思政教育平台的建设需求在不断增强，注重学生个性化发展的大学生思想政治教育工作与“大教育”理念并不矛盾，它是在尊重人、关心人、爱护人、理解人、提升人的角度上进行的人本教育。高校网络思政教育平台建设的总体目标与整个国家的发展目标是一致的，充分实现大学生全面发展能够令全民素质教育更好地开展，从而做到人尽其才，以百倍热情投入到社会主义现代化建设过程中，尽己所能维护安定、团结的政治局面，充分构建和谐社会，提升中国的国际地位。

网络虽然是一个虚拟的世界，但积极健康的网络环境对现实世界大环境的安定团结有十分重要的影响。特别是有大量信息支持的网络舆论，必须通过建立健全网络管理制度对其进行有效管理。高校要针对网络在大学生群体中引发的诸如网瘾等重点问题展开专项工作，政府与高校要密切配合，保证校园网络环境和谐健康发展。高校要加强爱国主义教育，引导学生与网络上的违法犯罪行为作斗争，意识到净化网络环境是每位网络用户应尽的责任和义务。这不仅关系到当代大学生思想道德素质的提升，还关系到未来教育事业的可持续发展。

网络技术的发展趋势是实现虚拟世界与现实世界的有机联动，网络环境从某种意义上折射出的就是现实社会，并且未来这一特征还会日益明显。教育工作者不仅要引导规范学生的网络行为，在日常的教育教学过程中更要充分利用网络提高学生的参与度,使他们了解网络对维护国家安定、繁荣的政治局面的重要意义,从根本上树立网络诚信观念。

随着网络技术在我国的迅速普及,网络安全日益受到人们的重视,网络安全与国家安全有密不可分的联系。不法分子利用所掌握的高新技术窃取国家机密,或者从事其他违法犯罪活动,严重威胁到国家安全以及人民利益,而且这些不法分子中的一部分人具有高学历,接受过多年的高等教育,他们不仅没有很好地把所学回馈社会,还成为危害社会和谐发展的"毒瘤"。因此,高校针对网络安全问题开展思想政治教育工作是当务之急。除了在大学生思想政治教育课堂教学过程中引导学生抵制危害网络安全的违法犯罪行为,在诸如计算机专业的教学课程中也应该注重渗透社会主义思想道德,让学生意识到网络安全对国家安全的重要性,个人接受高等教育的目的是在适应和促进社会发展过程中实现自我价值,而危害网络安全的行为是与社会发展相矛盾的,不仅不利于个人的自我实现,可能还会导致整个社会发展受阻。人民是国家的主人,只有国家真正繁荣富强,才能实现更好的发展,高校网络思政教育平台建设恰恰从思想信念方面为国家的安定团结提供了坚实的保障,有利于经济迅速发展以及广泛开展国际合作,在经济全球化过程中参与国际竞争,提升综合国力。

(三)高新技术飞速发展的必然结果

高新技术的飞速发展不仅令高校网络思政教育平台建设的途径得以不断拓展,相关内容得以不断丰富,并且始终在发展过程中向大学生思想政治教育工作提出新要求。高校网络思政教育平台建设体系只有与网络的开放性特征相适应,根据现实生活中的各种变化对内部结构进行相应调整,提高参与人员的综合素质,在创新中寻求本质上的变化,才能真正满足时代的需求,令我国的精神文明建设成为推动物质文明建设的强大支持。高新技术飞速发展需要大学生思想政治教育工作勇于创新,面对网络给教育改革带来的契机,敢于迎接挑战,用理智的态度看待网络技术,注重创新过程中细节工作的实施,不片面夸大网络的作用,也不过分忽视网络对现实生活的巨大影响力,关键是通过大学生网络思想政治体制创新来有效配合我国的社会主义现代化建设，使社会生产关系真正成为促进生产力进一步发展的积极因素。

对现实的固守代表了未来发展的滞后。日新月异的科学技术要求高校网络思政教育平台建设体系必须主动创新，主动发展。总结以往教育经验，认真分析学生群体中存在的现实问题，不单单满足于大学生思想政治教育工作已经取得的成就，更重要的是随时发现新问题，充分发挥全体教职人员的合作力量，努力寻找新的更具建设性的教育模式，注重高校网络思政教育平台建设内容的及时更新，坚持社会主义思想道德观念，坚持以中国共产党的方针政策为指引，形成具有高校自身特色的思想政治教育创新理念，有重点、有针对性地展开工作。将创建研究型大学的设想与高校网络思政教育平台建设有机融合，利用校园网络构建大学生思想政治教育阵地。教育工作者特别是高校的管理者更应具有忧患意识，注重通过完善的思想政治教育体系对日常生活中的违法犯罪行为以及违背社会道德的行为严加防范，从预防环节开始深入培养学生良好的分析、思考、判断能力，明辨是非曲直，始终充满正义感。

在科学发展观的指导下，高新技术作为第一生产力，只有形成持续发展态势才能真正推动历史车轮。与之相适应的高校思想政治教育体系也必须制定更加长远的教育规划，才能有效保障社会和谐，其中创新是具有决定性质的关键因素。高新技术通过创新实现了一次次飞跃，高校网络思政教育平台建设工作则通过创新令许多现实问题被有效解决，并且形成良性循环体系，在学生与学生之间、学生与教师之间、教师与教师之间充分发挥先进人物的带头示范作用，使社会主义植根于师生的内心深处，成为人生观的灵魂所在，对个人成长以及我国社会发展都有巨大的推动作用。

（四）思想政治教育实践工作复杂性的需求

高校网络思政教育平台建设注重学生的个性化发展，这对大学生思想政治教育工作的创新提出客观要求。教师要关心、尊重每一位学生，针对学生遇到的现实问题积极引导，不仅在思想政治教育课堂教学方面孜孜不倦，更在其他专业课领域努力渗透社会主义思想道德，在日常生活中密切关注学生的网络行为,努力通过创新激发学生的学习兴趣。高校教师的工作量非常大,客观上要求大学生网络思想教育模式整合各方资源,对教师的教学工作提供积极支持,将复杂的高校思想政治教育实践工作化繁为简,以创新理念和手段提高教师的工作效率,保证大学生思想政治教育工作的顺利进行。

人与人之间的相互影响同样导致了高校思想政治教育实践工作的复杂性。比起基础教育,高等教育具有更加广泛的开放性。学生除了在校园环境中接触到其他同学、高校的教职人员外,在校园环境以外还会接触到很多不同背景、不同资历的人。网络环境与校园环境的有机融合拓宽了学生对社会的接触面,彻底打破了时间与空间的界限,大学生只要通过网络就可以和自己的网友实现即时在线交流。学生利用网络搜索和直接访问相关网站就可以在第一时间收集到最想知道的信息,这使得学生的个性化倾向更加明显。人的主观能动性被充分重视,有助于个体发挥创造性才能。但同时,如果个体过分看重自我存在而忽略了他人,就容易滋生骄傲自满、妄自尊大的情绪,而大学生由于缺乏足够的社会经验,判断辨识能力尚且薄弱,必须要依靠高校网络思政教育平台建设的有效引导,以免犯下错误,或者被居心叵测之人利用。

教师教书育人的过程事实上也是自我综合素养不断提升的过程。高校网络思政教育平台建设不仅重视学生的主体性,还注重教师的主导性。国家和高校努力提供平台深入挖掘教师才能,在岗位责任制基础之上鼓励教师继续深造,借助在职培训、出国交流等机会丰富教师的专业知识以及社会阅历,从而成为大学生全面发展的坚实助力。教师除了要面对复杂的教学实践,个人还会遇到升职、调薪、福利等各方面与物质文化生活息息相关的问题。在求实创新过程中,大学生网络思想政治外延不断扩大,与教师管理有关的内容也被涵盖其中。校领导必须把教师的生活问题重视起来,人员选拔、晋升机制要足够透明,组织带领广大教师积极学习中央文件,鼓励年轻教师积极入党,始终保持思想方面的先进性。只要教师把握好教育教学及日常生活中的社会主义思想政治原则,那么无论在开展大学生思想政治教育工作中遇到何种问题,都可以迎刃而解。

网络技术的飞速发展导致高校网络思政教育平台建设体系始终处在动态变化中。大学生思想政治教育工作不仅要总结以往的教育经验，还要对新形势进行积极应对。变化始终是高校思想政治教育实践工作复杂性的根源所在，但如果善于利用创新、有效把握变化，就会促成发展进而减少变化带来的复杂性。高校网络思政教育平台建设体制的日益完善需要全体教职人员的共同努力，充分发挥创新才能，继承我国优秀的文化传统，在马克思列宁主义、毛泽东思想、邓小平理论、“三个代表”重要思想以及科学发展观、习近平新时代中国特色社会主义思想的指导下，勇于面对复杂的客观现实，坚持解放思想，实事求是，不仅要为学生的全面发展提供良好的物质条件，更重要的是净化网络环境，将网络文化纳入校园文化的建设中。

第四节　新时代高校网络思政教育平台存在的问题

高校网络思政教育平台发展至今，已经开始发挥其巨大的作用，但是存在的问题依然明显。比如平台的开发和管理缺乏全面的规划指导和统筹协调，各个部门开发出的学生管理系统大多是为了满足解决本部门具体业务需要，各部门之间的系统不兼容，信息无法共享，导致学生管理信息数据不能通用，各职能部门重复采集学生信息，造成人力、物力、财力的浪费，造成各部门信息资源低水平重复建设的局面。由于一些部门领导对于网络管理重视不够，没有充分认识到学生工作网络化的必要性，信息化建设的硬件设备、人员配备等的投入不足，致使信息化程度偏低，影响了整个学校的信息化水平以及各部门之间、学校与外界部门之间的沟通和交流。受传统观念的影响，管理人员对于高校思想政治教育平台的必要性认识还不够，信息管理意识淡薄，对于信息技术的学习不够主动自觉，甚至对学生工作信息化产生了怀疑和抵触情绪。另外，由于各部门管理人员的观念转变程度不同，对于学生管理信息化的重视程度也不同，造成各部门管理人员信息技术水平参差不齐。综上所述，高校思想政治教育平台仍然存在很多复杂而深刻的问题。[①]

一、服务型和互动性不足导致网站点击率低

如今校园网虽然已经逐渐成为大学生了解时事政治信息的重要窗口之一，但其吸引力还相当欠缺。使用百度等搜索引擎搜索高校思想政治教育类网站可以发现，许多红色主题网站的点击率非常低，这反映出当前大学生对这类网站的认可度、接受度相对较低。这类网站很少有学生登录，没有发挥实际效果，网站知名度不高，资源分散、重复而且单调。究其原因则是：宣传不到位，栏目过于单一，吸引力不强；内容不贴近学生生活，学生不愿意浏览；信息大量重复，缺乏针对性和实效性等等。已有研究者指出，不能认为高校建几个"红色网站"或在网络上占有一席之地就可以了，关键还在于如何吸引大学生的关注，提高网站的点击率，使得"红色网站"真正成为学生们的精神家园。要提高高校思想政治教育网站的实效性，认真分析和避免这类网站所存在的主要问题将具有十分重要的意义。

大学生对校园网的总体印象水平一般，从中所能接受到的启发式教育不多。教育工作者的思想还没有完全跟上时代的更新，无法准确判断大学生在这种环境下的心理，因此无法主动去适应。有很多高校虽已建立了本校的网上党校、网上团校、网上思想政治理论课堂等红色主题网站，但是学生不愿意浏览，点击率提不上去，有些网站甚至在近一年时间里累计浏览量仅在1000人次，这些网站所起到的教育作用可想而知，微乎其微。这既浪费了人力、物力、财力，又降低了网络思政教育的有效性，既是对网站资源的浪费，也是对大学生时间的浪费。

网络论坛以及网络聊天方式在大学生思想政治教育中的应有作用没很好发挥。思想政治教育是对一个人的灵魂所进行的教育，增强师生之间的沟通与互动非常重要，唯有贴心，方能入心，然而，连沟通都不够，谈何贴心？虽然，通过讨论式双向沟通的途径，深入探讨，从而实现以情

①祁明，江鸿波．高校内涵建设背景下的学生思想政治教育发展[M].上海：同济大学出版社，2019.

感人、以理服人,在传统思想政治教育中已被证明为行之有效的方法,但是,高校思想政治课教师的参与度不足是一个大问题。为数不少的高校思想政治教育类网站,为了避免留言簿等类似的模式带来的弊端,只允许管理员有发布相关信息的权限。然而,这样带来的缺点是阻碍了与学生的及时交流,而学生仅能通过电子邮箱的途径进行交流,在这种交流中,学生始终无法占据主导地位,这就大大限制了交流的效率。高校要抓住大学生在匿名条件下愿意表达真实思想的心态,充分地发挥留言簿、网络论坛等公告版类互动频道的作用,这样才能扩大反馈通道,提高师生的交流互动效率,使网络聊天等方式的教育手段发挥应有的作用和效果。将网络与思想政治教育工作两者进行结合会带来很多的优点,首先网站的亲和力会有所提升,其次网络思政教育工作的实效性会有所提高。

二、观念与体制陈旧导致学生需求不被重视

很多高校领导层对网络思政教育不够重视,没有彻底改变观念,没有合理地进行规划和建设,资金与设备投入不足,没能很好地利用互联网的特点和优势,仅仅进行了形式上的变化,而其实质还是一样的。由于大学生对新鲜事物比较感兴趣、喜欢变化,这就导致这些持续不变的事物有悖于大学生的心理。

近年来,由于网络环境的海量信息,大学生关注的焦点也会较为多样。当前社会正处于转型过渡期,即逐步转变为社会主义市场经济,原有的计划经济特征在慢慢消退。但是,在网上存在一些和高等学校教育相对立的观念,这些事物的存在、传播会大大降低人们对思想政治教育的信任程度,网络对学生的吸引力就会变得没有以往那么大。传统的思想政治教育可以运用管理手段对学生所接受的外界信息进行“过滤”,保持信息的“纯净”。而在网络环境当中,由于信息来源的不确定性以及对信息过滤难度较大,各种非法信息、错误信息、虚假信息等不良信息充斥着网络,毒害着辨别能力弱、选择能力弱的学生,这对这类学生的心理健康造成了重大的隐患。

三、理论教师参与不够和技术手段欠缺导致网络资源分散

网络思政教育平台少不了大学思想政治课理论教师的参与和引导。客观来说,纵观各有关部分的具体结构与作用,一般主要强调的是行政管理的作用。在高校中主要有以下部门参与网络思政教育平台工作:学生工作部、宣传部等,这些单位主要属于行政部门。而参与的教学部门中,有学生组织、党委、团委等。要想真正地把握大学生的思想政治心理,教育工作者必须真正与学生接触、相处才可以。不仅如此,还需要教师具备丰富的教学经验和人生阅历,这样才能在很大程度上提高学生对思想政治知识的学习兴趣。主观来说,一线教师很难完全掌握有关网络思政教育的知识。另外,在实际情况下,多数教师出于各种原因,在进行网络思政教育工作时不能发挥全部的力量,比如经常存在一定的疑惑,或者抱有一定的偏见等。这就使得开展网络思政教育工作的实际作用大打折扣,不能很好地达到开展教育的目的。学校应当承担一定的责任,应合理地对教师的工作时间进行分配并给予适当的鼓励。

要想成为一名合格的网络教育工作者,所需要具备的条件是:首先,掌握大量的网络技术;其次,熟悉思想政治教育工作。只有这样才能在网络平台开展大学生思想政治教育,提高网络思政教育的吸引力。然而,现实情况下,思政教育工作的主力——辅导员的待遇一般偏低,因此,很多具备网络知识的人员不愿意成为辅导员。这就导致教育者的综合素质偏低,开展思想政治教育工作的效果一直不是很好,网络技术的优势尚未被充分发挥,网上信息更新慢,并且与学生课堂学习密切相关的内容不多。大学生比较热衷于网上聊天、玩网络游戏,高校在进行思想政治教育时没有考虑以这些形式开展工作。所以,学校急需培养一支具有较高的政治理论水平、熟悉思想政治教育规律、有效掌握网络技术、熟悉网络文化特点的队伍,包括专职教师队伍和学生骨干队伍,这是做好网络思政教育的重要组织保证。

很多从事教育的人员持这种态度:一旦可以在网上查找到有关思想政治教育的内容,大学生就会自然而然地自行学习。还存在另一种状

况，很多学校完善了有关网站，虽然发现没有达到预期的效果，但没有进行原因的查找。应当看到，有关思想政治教育网站的数目难以计算，除非进行大力宣传，才能引起学生的关注，不然的话也只能是一件摆设作品。部分高校思想政治教育网站过于注重“灌输”，方式单一，内容重复，未能很好地结合实际情况。这些内容在一定程度上偏离了思想政治教育的初衷，无法引起大学生的兴趣，不能大量吸引学生的关注，所以造成了事实上的事倍功半。

第四章 新时代高校网络思政教育平台的设计

第一节 新时代高校网络思政教育平台整体结构设计

一、网络平台设计的一般原则

随着网络对大学生学习和生活的影响日益扩大，高校网络思想政治教育平台在高校网络德育教育中起着十分重要的作用。无论从时代发展的要求，还是从育人工作的职责来看，加强高校网络思想政治教育平台的建设，依托网络阵地对大学生开展深入、细致的思想政治教育，都是非常必要且紧迫的。高校思想政治教育工作者要“凝聚力量，加强建设；提高质量，打造品牌；动态管理，确保安全；开放办网，增强活力”，建设一个融思想性、专业性、趣味性、服务性于一体的高校网络思想政治教育平台。

高校处于互联网发展的前沿，在校大学生是我国互联网用户的重要主体之一，把互联网作为大学生思想政治教育的新环境与新载体来加以研究和利用，是时代赋予教育工作者的新课题。高校网络思想政治教育平台的建设应遵循以下原则。

（一）明确指导思想，对网络平台准确定位原则

准确的定位来源于正确的指导思想。有很多人认为，指导思想只是表明方向和立场，没有具体、实在的意义。这是由于在实际工作中，普遍存在着“形式主义化”的现象，没有体现出对指导思想的真正理解，也没能正确认识到指导思想的重要作用。一个正确的指导思想应该是制定工作思路、计划和措施的根本依据，以国家政策、工作方针、基本任务和目标要求为内容，在实际工作中能够发挥现实的、具体的指导作用。建

设高校网络思想政治教育平台的目的是，通过发挥网络的优势，在网上提供有教育意义和具有正确导向的信息，指导和影响大学生的品行，从而实现思想政治教育工作的感染力、渗透力和影响力的预期效果。

因此，按照确定的网络平台建设指导思想，高校网络思想政治教育平台必须有准确的定位。首先是要把握好网络舆论的导向，遵循党的舆论宣传工作的基本要求，坚持正确的政治方向，这是网络平台建设的生命线。其次是立足校园，在交互式网络平台上，针对一些事关重大、事关政治方向、事关稳定的敏感性问题，要有正面的声音，给涉世不深的学生以政治上的正确引导，为教职工更好地履行育人职责服务，为学生健康成才服务。最后就是发展目标的定位，把高校网络思想政治教育平台建设成为主题鲜明、特色突出、双向互动、服务性强、优势明显、广大师生喜闻乐见的网上精神家园。这样明确而具体的定位，为高校网络思想政治教育平台的设计和建设工作奠定了坚实的基础。①

（二）以人为本原则

“功以人成，业由才广”。大学生是十分宝贵的人才资源，是我们民族的希望，祖国的未来。科学发展观的核心及本质是以人为本，坚持以人为本，既有着中华文明的深厚根基，又体现了时代发展的进步精神。中华文明历来注重以民为本，尊重人的尊严和价值，具体到高等教育特别是高等学校学生思想政治教育工作层面上，就是要在学校的各项活动中，始终贯彻以“平等、尊重、发展”为基本内涵的人本思想。高校网络思想政治教育平台应充分考虑到当前大学生的思想特点，体现以人为本的原则，时刻关注他们生活中发生的点点滴滴，想学生之所想，急学生之所急，供学生之所需，全面强化网络平台的服务功能，充分体现“教育、引导和服务”三位一体的理念。

（三）针对性原则

在高校网络思想政治教育平台上建立宣传阵地。网络信息的内容、频道设置、网页设计、语言使用等要针对青年大学生的特点，针对新形势下大学生最关心的热点和难点问题，掌握思想动态，力求把思想政治教

①樊凯. 高校网络思想政治教育平台系统研究[D]. 北京：中国矿业大学（北京），2019.

育理用成生动形象的网络形式呈现，吸引学生主动使用，寓教于乐，增强思想政治教育的吸引力和感染力。

（四）管理规范性原则

高校网络思想政治教育平台要加强大学生的法制意识、责任意识、政治意识、自律意识和安全意识，加强规范和引导，树立良好的网络道德。建立一套严格的网络信息审批程序，制定《网络平台运行管理规定》，并随时作出调整，保证网络平台发布的内容正确、真实，无政治性失误。在维护上，应制定《维护人员守则》《网络平台人员值班制度》等相关方案，以确保网络平台的正常运行。

（五）科学性原则

进入21世纪，传统的建立在教师根据自身感觉、经验之上的“一本书、一支笔、一张嘴”的教育手段，已经越来越不符合时代和社会发展的需要，也越来越不能被学生所接受。尤其是现代科学技术的发展和信息高速公路的产生，使当代大学生的思想更加复杂、多变，且呈现多层次性，再用单纯的“灌、禁、堵、统”的教学方法与手段，不但不能奏效，还压抑了大学生个性的发展，其结果必然是适得其反。因此，高校应当投入足够的时间和精力，在实践中对思想政治教育的手段进行研究、探索和创新，哪些手段值得发扬，哪些手段应当变革，判断的标准在于其是否符合科学性原则。科学性原则同时也要求我们：一方面要以人为本，学习和运用行为科学和管理科学中对“人”的研究成果，学习和运用现代科学技术研究的最新成果，把高校思想政治教育推向现代化的轨道。另一方面，在实践中，一定要坚持由浅入深、循序渐进这一思想形成与发展的客观规律，促使大学生在现代高科技的文化氛围中不断提高思想道德素质。

（六）实效性原则

实事求是、讲求实效是思想政治教育的根本出发点和归属。在传统的教育实践过程中，实效性原则存在着两方面的不足：一是强调教育内容的科学性、真理性，忽视了有效性；二是注重教育的过程，忽视教育的效果。在其价值判断上，注意教育活动中作了多少场报告、举办了多少学习班、开了多少次座谈会等等,认为采用相同的教育方法与手段,可以应付不同的教育内容和教育群体。不同的教育方法与手段有着与之相适应的有效机制,而且无论是教育实践的过程,还是其结果,都是可以对其加以检验的。实效性原则就是要求教育者在具体的实践中,运用科学的教育手段,力求以最少的时间和精力,取得最理想的教育效果,彻底改变传统的以"时间换空间"的教育方式,实现思想政治教育由"嘴喊、腿跑、手抄"式的"体能型"向"知识型""智能型"转变。可以说,教育手段现代化最重要的一条就是讲求实效。

二、网络平台建设的一般对策

大学生思想政治教育的目的是提升人格,为达到这一目的,应在平等参与、沟通交流之中实现师生的互动,同时要做到务实求真、言传身教,就很可能达到预期的效果。通过学习交流论坛这个平台,广大师生可以就某一社会热点问题发表意见和看法,并进行讨论,达到交流心得和体会的目的。网络思想政治教育工作者要密切关注论坛动态,加大与学生之间的沟通与交流,通过组织专题讨论,开展网上讲座、在线答疑等提高大学生的思想观念和辨别是非的能力,提高其思想道德素质;要坚持贴近青年实际、贴近青年思想、贴近校园生活的原则,及时了解大学生的思想状况,积极回答和解决他们提出的各种问题,以提高思想政治教育的有效性和针对性,高校网络思想政治教育平台建设应遵循以下对策。

第一,加强大学生思想政治教育工作队伍建设。一支既具有较高的政治理论水平、熟悉思想政治工作规律,又能较有效地掌握网络技术、熟悉网络文化特点,可以在网络上进行思想政治教育工作的队伍,是做好高校网络思想政治教育平台重要的组织保证。这就要求高校必须把政治强、业务精、懂网络、会管理的干部充实到思想政治教育工作队伍中去,从而增强网络思政教育的权威性和可信度。

此外,在网络平台的开发、建设和维护的过程中,也要注意发挥优秀学生和学生干部的作用,充分调动他们的积极性,明确职责分工,落实工作任务。学生在参与的过程中不仅学习和提高了运用网络知识的能力和水平，而且锻炼了组织管理能力，增强了政治意识和责任意识。通过学生的自我教育，对网络道德建设也起到了积极作用。

第二，积极推进大学生思想政治教育工作改革和创新。信息时代，大学生思想政治教育工作的创新，首先就是信息观念的更新。网络的发展和应用，使信息所达到的范围明显增大传播的速度空前提高，这也要求我们学会运用现代化的网络技术获取所需的种种信息，改变过去传统的思想观念，提高思想政治工作的时效性，扩大教育的影响面，增强影响力。其次，在大学生思想政治教育的内容上，要充分开发积极向上的信息资源。只有不断通过有思想、有品位、有教育意义的网络信息占领网络教育资源这块阵地，才能真正使高校网络思想政治教育平台的新阵地根深叶茂。

第三，组织在线交流沟通。这是时代对大学生的素质要求，也是现代文明社会对各种职业的要求，大学生要适应社会，就必须具有沟通能力。通过开展各种教育活动，利用网络这种交互性和易参与性的特点，改变过去单纯说教的教育方式，是大学生思想教育的新途径。当今的大学生思想活跃、知识面广，对涉及社会、人生、国家、民族等方面的重大问题时常有自己独特的见解，并且十分愿意提出自己的观点，以获得更多人和更大程度的认同与支持。不过，由于缺乏便捷、畅通的渠道，大学生往往无法畅所欲言。根据现代大学生的身心发展特点，可以在高校网络思想教育平台上创建一些贴近校园、贴近师生的融知识性、趣味性于一体的信息在线交流网站，使用聊天室或者通过email等形式，以更灵活、轻松的方式就各种问题与学生进行双向、多向交流、辩论。这样就摆脱了面对面的限制，交流的渠道更为宽广；信息交流的效率、交互性和灵活性都获得了极大的提高，切实做到了理论学习网上有指导、热点问题网上有引导、先进典型网上有报道、反映问题网上有渠道；帮助大学生解疑释惑，排忧解难，把高校的思想政治工作做细、做活、做“到家”，使大学生思想政治工作真正产生实效。

三、网络平台工作流程

系统管理员和学生进入系统后会进行身份验证，可根据各自身份取得相应的权限。管理员进入系统,可对登录用户、文献信息库、视频信息库、试题库等进行管理及维护;在试卷管理中,输入组卷参数使系统自动组卷。考生进入系统后,可以有两种方式进行操作,一种是在线学习模式,一种是测试模式。在线学习模式下,考生可以观看并下载相关资料;测试模式下,考生结束测试后系统会自动进行评分,并存入数据库以便考生查询。

四、系统功能模块

可以将系统分为以下几个模块:系统管理模块、在线学习模块、在线考试模块、交流沟通模块等。

(一)系统管理模块

系统管理模块主要包括用户管理、文献信息库管理、视频信息库管理和试题库管理等功能。

1. 用户管理

根据角色的不同,系统用户可以分为管理员用户和学生用户。为保证系统运行的安全性和保密性,系统需要为不同的用户角色设置不同的操作权限,用户也可以通过系统存储的用户信息和填写信息进入登录系统进行相应的操作,所以用户信息库的设计和维护是非常重要的。系统管理员主要负责学生的信息维护、文献库和题库的管理。学生为最终用户,主要进行在线学习、在线考试及成绩查询。

2. 文献信息库管理

系统中的文献资料需要按照内容进行分类,并按照不同的分类进行发布。这就要求系统可以对文献资料的栏目进行创建、修改和删除,并在创建的文献栏目下进行该栏目所属文献资料的操作。学生用户登录后,可以选择不同的课程,学习或查阅该课程已发布的文献资料。管理员用户登录后,可以进入文献管理模块,对文献信息库中所有的信息进行维护,包括文献栏目的维护操作和文献资料的维护操作。管理员可以向文献库中添加新的文献栏目,也可以修改和删除文献库中现有的栏目,同时还可以对文献本身进行修改和删除。

3. 视频信息库管理

在线学习的课程大多是视频类型的课件,因此,对在线学习课件的后台管理和维护,就是对视频信息的管理和维护。它主要是为了完成学生对视频课程的学习及管理员对视频课件的管理、维护。视频信息库根据科目设立课程,管理员根据科目对相应的视频课件进行维护和管理。

4. 试题库管理

试题库管理包括试题管理和自动组卷两个基本功能。

试题管理可进行试题的查找、录入、删除、修改。录入试题分两种情况:单题录入和批量录入。单题录入指通过程序录入界面逐题录入;批量录入指将相同题目类型的大量试题按规定格式形成文档,并通过录入程序批量处理此格式的文档,一次性录入所有试题。

自动组卷指按照一定的组卷条件,根据一定的组卷参数,系统自动组成符合条件的试卷。组卷算法是在线考试模块实现中的一个难点。

(二)在线学习模块

在线学习模块主要包括查阅文献资料和观看课程视频录像等功能。通过在线学习功能,用户可以选择需要学习的类别和科目,对相应的已发布的视频课程进行学习,该功能是思想教育平台实现在线学习的主要途径。通过学习资料下载功能,用户可以将课程相关的学习资料(包括PPT、Word等文档类型)下载到本地,从而更方便地进行自主学习。

在线学习模块既可以提供普通思想政治教育课程的在线学习,也可以提供党校课程的在线学习。

(三)在线考试模块

在线考试模块也是思想政治教育平台建设功能模块的重点之一,主要包括教师出题、自动组卷、自动评分、教师评语等功能,是一个基于数据库和互联网的远程在线实时测试系统。传统的考试方法涉及组织命题、试卷印刷、考场安排、监考、人工判卷等环节,周期长、效率低,而且学生作弊、人工判卷等原因会影响到考试的公正性。

在线考试系统是建立在互联网上的应用系统,客户端的配置可以很简单,使考试不受考试时间、地域的局限,只要学生接入互联网,就可以进行考试,考试后马上得到结果,并能及时获得正确的知识。教师要做的主要是精心设计题目,大大减轻了负担。在线考试既可以统计该次考试成绩,用于评价学生的学习情况,又可以掌握试卷的难易程度。在线考试为学生提供方便的考试模式,进入考试模式后,系统会自动进入倒计时,如果考试时间到,系统会自动收回试卷,考试随即结束。学生提交答案后,系统会自动对试卷进行打分。

(四)交流沟通模块

交流沟通模块的主要功能是给教师和学生之间提供一个互动交流、咨询解答问题的平台。广大师生可以就某一社会热点问题发表意见和看法,并进行讨论,达到交流心得和体会的目的。同时教师可以通过该平台了解学生对其所传授知识的掌握情况,并进行课外指导。该模块使高校教育工作者能够及时了解大学生的思想状况,积极回答和解决他们提出的各种问题,以提高思想政治教育的有效性和针对性。

五、系统组网结构

系统组网结构主要包括数据库服务器、Web服务器、交换机、路由器、防火墙等。

(一)数据库服务器

数据库服务器是指运行在局域网中的一台或多台服务器计算机上的数据库管理系统软件。数据库服务器为客户应用提供服务,这些服务是查询、更新、事务管理、索引、高速缓存、查询优化、安全及多用户存取控制等。数据库是Web服务器命脉,对于Web站点正常运行起着至关重要的作用,但是数据库在与Web结合存在着诸多安全隐患,一般采取以下解决措施。

第一,最小权限连接数据库。Web站点连接数据库都是通过相应账户进行连接,在这些账户中SA是权限最大,也是最危险的。可以正常运行,则使用public用户较为安全。

第二,删除危险存储过程。MSSQL数据库系统集成了较多存储过程,这些命令既方便了操作,当然也为攻击者入侵Web提供了便利。因此要根据需要删除某些在Web中用不到并且可被攻击者利用的存储过程,比如xp_regread和xp_drtee这两个存储过程可被攻击者用来读取注册表信息和列目录,可以同时删除可被用来执行DOS命令的存储过程xp_cmdshell,及其他的没必要的存储过程。

第三,修改页误导攻击者。SQL注入入侵是根据IIS给出ASP提示信息来入侵的,如果我们把IIS设置成不管出什么样的错误,ASP只给出某种特殊的提示信息(如“HTTP500”),那么攻击者就无法获得敏感信息来实施入侵了。具体操作是:打开IIS管理器,选择相应Web站点,打开其站点属性窗口,在“自定义”选项卡下选择“00:100”,点击“编辑”,打开“编辑自定义属性”窗口,消息类型选择“文件”,然后通过浏览定位到自己构造页即可。

(二)双机热备

目前信息化系统自动化成度高,各单位对服务的安全性、可用性、依赖性变大,24小时不停机,在这种情况下,服务器的双机热备就显得非常必要及迫切。双机热备是近年来服务器端的安全性、可用性的一次重大的革命。从以前加大的硬件可用性,到现在的双机要备用,来保证服务器的不停机运行,是高可用性的一次重大的进步。

双机热备的工作原理是,当一台数据库服务器在工作时(称为主机),另一台数据库服务器作备用状态(称为备机)。当主机因为某种原因出现故障,如死机、主机断电、病毒发作、硬盘损坏等,不能继续提供服务时,备用机能够在规定的时间内接替主机的服务,继续提供服务,从而达到不停机的目的。Plus Well Cluster容错软件在两个数据库服务器间保持着间歇的通信信号,也叫做心跳信号,是错误检测的一个机制。即通过一个通信路径,在两个对等系统之间进行周期性的握手。如果连续没有收到心跳信号到了一定的数目,Plus Well Cluster容错软件就把这条路径标识为失效,同时切换到备用服务器上继续服务。

(三)Web服务器

Web服务器也称为WWW(WORLD WIDE WEB)服务器,主要功能是提供网上信息浏览服务。应用层使用HTTP协议和HTML文档格式。使用最多的Web服务器软件有两个:IIS和Apache。

(四)交换机

交换机内部核心处有一个交换矩阵,为任意两端口间的通信提供通路,以使由任意端口接收的数据帧从其他端口送出,它工作在网络最底层,为网络提供一个接口平台。它同时也能为网络起中继作用,当计算机传输数据距离较远时,能进行信号放大增强,这样不至于信号到终点时造成衰减。

(五)路由器

路由器是互联网枢纽的“交通警察”。路由就是指通过相互连接的网络把信息从源地点移动到目标地点的活动,选择通畅快捷的近路,能大大提高通信速度,减轻网络系统通信负荷,节约网络系统资源,提高网络系统畅通率,从而让网络系统发挥出更大的效益。所以,路由器是互联网的主要节点设备,路由器的一个作用是选择信息传送的线路,另一个作用是连通不同的网络。

(六)防火墙

防火墙就是把危险阻挡在外的屏障,它是一种形象的说法。网络防火墙就是位于一个计算机系统和它所连接到外部网络之间起屏障作用的软件。这个软件通过一定的算法,允许它认为安全的数据通过,拒绝网络上的危险访问请求,保证计算机系统的安全。

第二节 新时代高校网络思政教育平台技术方案设计

高校网络思想政治教育平台是一个庞大的系统,要构建一个完善、实用的平台,从横向构成而言,不仅需要有丰富及时的网站信息资源、强大稳定的后台技术支持,还要有一支高水平、高素质的集政治性、技术性、管理性于一身的综合思想政治教育人才队伍。从纵向分配来说,不仅要有国家及中央部门的宏观指导和管理,还要有地方乃至个人网站的积极配合，同时还要兼顾网络运营商、国家安全部门等的大力支持。本节着重从横向构成来对如何建设一个完善全面的高校网络思想政治教育平台展开研究。

一、高校网络思想政治教育平台的信息资源建设

思想政治教育信息资源建设是思想政治教育网络建设中难度最大的课题。网络虽然为信息的表现形式等方面进行了前所未有的优化和包装，但信息的真正影响力还是取决于其实际内容。笔者认为高校网络思想政治教育平台的信息资源建设主要包括三个方面：一是信息源的开发利用；二是优化网络信息的传播模式；三是信息资源的整合。①

（一）信息源的开发和利用

高校思想政治教育工作者要对工作对象进行信息交流和转换，首要的问题就是如何组织信息源。在德育过程中，信息源是不固定的。从时间上看，德育信息既可以源于传统的道德观念，也可以反映现代伦理乃至对未来的理想信念；从空间上看，德育信息既有来自国际环境的影响，也有来自对本国现实的认知；从主客体关系看，教师、家长、朋友都能够成为大学生获取信息的源头，书籍、报刊、广播、电视等传播媒体也能成为大学生的信息源。在网络上，信息源更加不固定。针对目前信息源面临的现状，要建设好高校网络思想政治教育平台，首先就要加强高校网络思想政治教育平台中信息源的开发和利用。

当前，国际互联网上中文信息偏少，马克思主义的声音较弱，致使高校网络思政教育信息资源建设的任务非常艰巨。思想政治教育工作者应制定相应的对策，在高校网络思想政治教育平台上大力开发反映中华优秀文化和中国特色社会主义的信息资源，建立思想政治教育信息数据库，用科学的世界观、人生观和价值观去占领网络阵地。第一，要加强中文界面网络信息的输出，加大思想政治教育网站的正面宣传力度，积极介绍国内外各种新思想、新理论、新观点，让社会主义的理想、观念抢占网络阵地。第二，要加快建立信息网络平台中思想政治理论数据库的步

①杨婷.高校网络思想政治教育平台建设研究[D].银川：宁夏大学，2017.

伐。网络平台中的思想政治理论数据库主要是指以存储、传播马克思主义理论为主的数据库，如马克思列宁主义毛泽东思想文库、新华社综合数据库、中国社会科学数据库等，并应根据国内外形势的发展不断扩充自身内容。第三，要加大开发思想政治教育软件的力度，思想政治教育软件必须新颖活泼、寓教于乐，便于普及和推广。

（二）网络信息传播模式的优化

德国学者马莱茨克（Maletzke）在1963年《大众传播心理学》一书中提出的大众传播过程系统模式指出，传播者和接受者在一定的社会环境下，进行着互动的、双向的信息传播。

作为信息的发出者，这里面的传播者不仅受到其自我印象、人格结构、所处的工作群体、所处的社会环境、所处的组织、来自公众的压力、来自所传播的信息本体、来自媒介的压力的制约，还受到受众所发出的反馈等因素的影响。在这些因素的影响下，传播者对于信息的内容进行选择和加工，并选择一定的媒介，将信息传播出去。作为信息的接收端，受众同样也受到一定因素的制约，包括自我印象、人格结构、所处的受众群体、所处的社会环境、信息内容的效果或信息内容的体验，以及来自媒介的压力和职业等。这些因素影响受众对于信息的释码和译码，并影响其对信息作出的反应和反馈。作为传播内容（信息）和传播的载体（媒介）而言，制约和影响则来自传播者和接收者两个方面。从传播这个方面来说，传播者会对信息内容进行选择和加工，同时选择最适合的媒介将信息传播出去。从受众这方面来说，受众并不是对信息全盘接受，也并不是随意地选择某个媒介来接受信息。受众对媒介的选择与他们所处的社会环境、对媒介的印象等因素有关，他们会根据自己的情况选择相应的媒介，并有选择地接受信息。

网络信息传播模式包括了直接传播模式和间接传播模式、单向传播模式和双向传播模式，使得网络思想政治教育工作更加科学化、规范化，更有利于提高高校思想政治教育信息传播的可靠性与高效性。

（三）信息资源的整合

高校网络思想政治教育平台中的信息建设，一定要遵循内主外辅的原则，把重点放在拓宽教育信息的内涵上面，增强信息对大学生的心理和情感的影响力，而不是通过表面的形式来暂时愉悦大学生。思想政治教育信息必须在信息范围和表达深度上有新的突破，敢于涉及如腐败、失业、贫困等热点问题，务实、客观、公正地提供信息，并加以科学的分析。同时，还可以尝试与正规的思政教育类期刊进行合作，一方面把期刊资源整合上传与学校师生共享，另一方面可以推荐优秀文章及发言在期刊上发表，这样既扩大了信息源，还鼓励了访客的积极性。简而言之，只有把思想政治教育网络中的信息做好、做活，才能把思想政治教育做到家，为思想政治教育赢得更加光明的未来。

二、高校网络思想政治教育平台建设中“网络型”思想政治教育人才的培养

加强网络技术培训、提高思想政治教育工作者的网络技术水平是构建思想政治教育网络载体的重要步骤。高校要对广大思想政治教育工作者普遍进行重视网络思政教育的宣传，培养一支既具有较高的政治理论素养、能有效开展思想政治教育，又能熟练地掌握网络技术、熟悉网络文化特点，善于吸收新事物、学习新知识的高校网络思政教育工作者队伍，以占领高校网络思政教育阵地，开展高校网络思政教育工作。

目前，由于种种原因，高校思想政治工作队伍的政治素质参差不齐，信息素质普遍较弱，技术知识更是缺乏，形势迫切要求对其进行继续教育。第一，高校要对现有的思想政治工作队伍进行网络知识与技术的培训，提高他们的技术含金量。第二，高校要对网络思想政治工作队伍的结构进一步优化，引进精通网络技术的科技人才，组建专业化的网络思政教育队伍，同时注重提高他们的思想政治和人文社会科学知识水平。第三，高校要建设科学、规范的制度进行保障，共同研究信息时代和网络社会下高校思想政治教育的理论与措施，有效开展高校网络思政教育，不辜负时代赋予的历史使命。

（一）较高政治素养的网络思政教育人才的选配

振兴民族的希望在教育，振兴教育的希望在教师，建设一支具有良好政治素质、结构合理、相对稳定的教师队伍，是教育改革和发展的根本

大计。网络思政教育工作者素质的高低,是构建高校网络思政教育平台这一教育模式的关键所在。我国正处在改革开放的关键时刻,高校网络思政教育者是否具有较高的思想政治素质与辨别能力,是否能够深刻领会党的路线、方针和政策,是否能够处理好先富与共富、效率与公平、个人利益与社会效益等关系,会直接影响他们对学生思想政治教育投入精力的多少和工作效果。网络思政教育的重要任务是使学生在庞大的网络虚拟世界里,身心得到全面和谐的发展,树立正确的世界观、人生观、价值观,培养学生爱祖国、爱人民、爱社会主义的责任感,培养学生具有美好的志趣、高尚的情操、爱憎分明、遵纪守法、文明礼貌等。也就是说,网络思政教育尤为注重学生情感、意志、道德、品质等方面的培养,重视学生的心理健康教育,把非智力因素提高到应有的重视程度上。这一切都要求网络思政教育本身必须有过硬的思想政治素质,他们的师德修养、人生观和价值取向等内在素养,在网络思政教育过程中能对学生产生潜移默化的影响,同时他们自身对于政治信息的甄别能力决定了消极信息入侵网络阵地的可能性,这些对于可塑性极强的高校学生的人生观和价值观的形成和发展都起着十分重要的作用。

(二)思想政治教育中网络教育的基本知识和技能的普及

一方面,思想政治教育工作者必须加强对网络的体系构架和工作原理的了解和掌握,以熟练地运用网络来开展思想政治教育。为此,应对思想政治教育工作者普遍进行网络知识的培训,使其掌握以下基本知识。第一,网络的基本技术参数和术语,如传输技术、网络覆盖范围和各种协议等。第二,网络的基本类型及其优缺点,如局域网、城域网、广域网、广播式网络、点对点式网络等。第三,网络的基本体系结构,即网络是怎样实现计算机网络层次结构和各层协议之间的有机协作的原理。第四,网络的基本工作原理,即通过网络拓扑结构,借助信息传输介质,网络中互联的计算机才能实现彼此之间的信息存储、转发和交换。思想政治教育工作者只有对这些技术和知识有了一定的掌握之后,才能在互联网用户群体中获得话语权,否则不可能进一步深入了解和把握他们的思想状况。

另一方面，思想政治教育工作者还要能够较为熟练地运用常用网络软件工具，增强网络中的思想政治教育信息的表现力。着重需要掌握以下两个方面的网络工具：一是有助于发挥网络功能优势的工具，如Office工具，尤其是如Word、Excel、Powerpoint等对文字数据进行简单处理的软件，Foxmail、Outlook等电子邮件的收发工具，Firefox等网络浏览工具，以及搜索引擎的使用和迅雷等网络下载工具等。二是有关网络建设和网页设计的工具，如运用Dreamweaver等制作网页的技术，运用Photoshop、3ds Max、CorelDRAW等图形工具加强网络信息的视觉效果，运用服务器建设思想政治教育网站的技术等。思想政治教育工作者如果对这些技术只是闻其名却不知其用，则将直接影响自己在大学生中的声誉和威信，给思想政治教育网络化的长远发展带来不利影响。

（三）懂技术、会管理的网络思政教育综合型人才的培养

在长期的思想政治教育实践中，各高校都培养了自己专业的思想政治工作队伍，他们在思想政治教育中起到了重要作用。然而，过去的思想政治教育工作者在运用对技术要求比较高的教育工具方面普遍偏弱。因此，培养一支既具有较深的政治理论水平，又有较高的计算机网络技术水平的思想政治教育队伍显得尤为迫切。这样一支队伍既要能保证思想政治教育网络运行在政治思想上的正确导向，又要及时有效地解决网络思政教育中所出现的各种问题，使思想政治教育网络处于一种良性的运行态势中。思想政治教育网络综合型人才不仅要具有一般的网络知识，而且还要具有较强的网络专业知识，要成为思想政治教育工作者中的网络专家，且不能眼高手低。为此，要对他们进行更专业化的网络知识培训，主要包括以下几个方面。

第一，要培养他们具备运用网络工具进行思想政治教育网页制作的能力。只有把思想政治教育信息用网络语言加以正确、鲜明地表达，网络思想政治教育才有了最基本的前提。第二，要培养他们具有建设思想政治教育网站的技术能力。仅仅依赖其他行业网络技术人员的支持，高校网络思想政治教育平台是不可能真正做出特色的。所以高校应该培养自己的专业技术人员，自己动手建设高校网络思想政治教育平台，才

能更好地把思想政治教育与计算机网络两者有机地结合起来，扬长避短，以更好地利用网络为思想政治教育服务。第三，要培养他们具备把思想政治教育的实际与计算机网络软件的开发运用相结合的能力。高校网络思想政治教育平台的构建、管理和维护，都需要有相应的网络软件系统来支持，作为思想政治教育网络的骨干人才，必须在网络软件的开发和应用方面下功夫，努力提高自己的网络素养，熟练地使用网络、驾驭网络，及时解决网络教育建设和传播中的问题。

（四）网络思政教育者学习主动性与创造性的激发

21世纪是以创造性劳动为特征的时代，科技进步和社会发展需要大量创造型人才。这就要求高校思想政治教育工作者自己首先应该具有开拓创新的意识和能力，能打破传统教育观念和教育思想的束缚，用现代科学发展的新观点、新知识和新思维，对广大学生进行思想政治教育和常规管理，为培养复合型和创造型人才服务。在网络条件下，高校思想政治教育工作者不仅是教育者，同时也是新知识的接受者，更是大学生世界观、人生观和价值观确定过程中的引导者。高校网络思想政治教育工作者对学生的教育应由居高临下的说教式向平等交流的引导式转变，还应在对学生的交流中不断完善自我，最终以人格的魅力、思考的深邃、理解的透彻在大学生中树立起自己的威信。高校网络思想政治教育工作者还要善于充分运用网络的技术优势，将严谨的理论、复杂的推理、严峻的现实，用人们喜闻乐见、轻松活泼的形式展现在学生面前，让学生在潜移默化中接受教育，以此达到教育的目的。

三、高校网络思想政治教育平台的技术构架

（一）高校网络思想政治教育平台的需求分析

高校网络思想政治教育平台的需求分析中需要编写的文档主要是信息网络平台的《系统功能描述书》，它基本上是整个需求分析活动的结果性文档，也是开发工程中项目成员主要参考的文档。

1. 参与需求分析的人员的确定

任何一个系统项目的确立都是建立在各种各样的实际需求上面的，

项目的负责人对项目需求的理解程度，在很大程度上决定了项目的成败。对于高校网络思想政治教育平台来说，这一点是尤为重要的。大多数的思想政治管理者都是具有相当高的思想政治教育管理水平和相当丰富的实践经验，但对计算机和网络比较陌生。相反，开发人员往往只精通相应的计算机网络技术，而对思想政治教育所知甚少。如何让管理者的意图能够更准确地被开发人员所理解，使得开发人员能够用技术语言实现管理者的实际需求，这就需要管理者和项目的开发者能够面对面地深入交流，让开发者对管理者的需求有较深的理解，对思想政治教育工作有一定的了解。因此就需要管理者和具体的项目实施人员一起全程参与系统的讨论与协商，共同完成《系统功能描述书》的撰写工作。

2. 市场调研

通过市场调研活动，清晰地分析现有思想政治教育信息网络平台的性能和运行情况，可以更加清楚地构想出所开发平台的大体架构和功能，在总结同类系统平台优势和缺点的同时，项目开发人员可以博采众长开发出更加优秀的平台市场调研包括下列内容：①同类系统的确定；②调研系统的功能设计（主要模块构成、特色功能、性能情况等等）；③系统运行情况的简单评价。

3. 清晰的需求分析

通过较为详细的交流和市场调研活动后，应该对整个需求分析活动进行认真的总结，形成一份详细清晰的总结性文档——《系统功能描述书》（最终版），以作为项目开发过程中的依据。

《系统功能描述书》必须包含以下内容：①系统功能；②用户界面（初步）；③系统运行的软硬件环境；④系统性能定义；⑤系统的软件和硬件接口；⑥确定系统维护的要求；⑦系统总体风格及美工效果；⑧管理及内容录入任务分配；⑨项目完成时间及进度；⑩明确项目完成后的维护责任；⑪系统的推广与宣传；⑫其他内容，可根据实际需要进行撰写。

综上所述，在做需求分析的过程中，主要是让项目负责人加深对思想政治教育工作的理解，同时加深项目负责人对高校网络思想政治教育平台需求的理解，以及对一些模糊的需求进行明确，便于在项目开发过程中给开发成员提供依据和借鉴。

(二)硬件、软件的选配

在高校网络思想政治教育平台的搭建中,平台的硬件和软件的选择也需要引起足够的重视,软、硬件设备的选择直接影响到平台的整体性能。构建一个完善、可靠、安全的信息平台必须要有良好的软硬件技术支持。

1. 服务器的选择

服务器的选择通常会按照RAS标准,其中R(Reliability)代表可靠性,A(Availability)代表可用性,S(Scalability)代表可扩展性。在分析了各种具体因素,清楚了具体需求之后,在选购服务器时还要注意以下几个选择问题。

(1)可靠性

所谓可靠性就是服务器的运转一定要稳定,一般大厂商的产品通过了兼容性与稳定性的测试,可靠性极高。因为高校网络思政教育平台的数据量比较大、访问人数较多,所以服务器至少采用双CPU(中央处理器)才算可靠。由于服务器上保存的是大量的资源和重要数据,因此服务器上应采用多块硬盘建立RAID(磁盘阵列)的方式,增加数据的冗余性。此外,在选择服务器内存时需要具有专门的冗余和能够进行错误检查、纠正的技术,保证数据结果的准确性。

(2)可用性

所谓可用性就是要能满足实际需要。需要注意的是,服务器够用即可,在满足需求的同时切勿盲目追求高档、高配置,没有必要购买远远超出预算与实际需求的服务器。

(3)可扩展性

服务器价格昂贵,结构与PC有所不同,升级时需要产品本身提供良好的升级特性,并且需要专业人员进行辅导。购买大厂商的服务器产品可以得到更多的技术支持,为服务器的运行提供便利。

另外,服务器的升级也是必然的,为了避免整体更换服务器带来的高额支出,在购买前一定要考虑好服务器自身的可扩展性,如最大能支持的CPU个数、最大能支持的内存容量、最多能支持的硬盘数量等。

(4)可操作性

高校网络思政教育平台通常没有专门的技术管理人员,所以购买服务器时要注意它的可操作性,是否容易上手是关键。

(5)售后服务

通常选择大厂商生产的服务器,购买服务器的同时也拥有了强大的厂商技术后援团。当服务器出现问题时,大厂商良好的售后服务可以顺利地解决很多问题。另外,大厂服务器使用的零件都很标准,日后升级和更新也会非常方便。

2. 操作系统

服务器的操作系统主要有Windows和Linux等。Windows相对于Linux来说具有界面友好、操作简单等特点,用户需要掌握的专门知识少,但其安全性和稳定性要比Linux弱一些。

在实际的选择中,通常从可维护性和易操作性来考虑。因此,对于计算机知识相对薄弱的高校网络思政教育平台的管理人员来说,可将Windows操作系统视为首选。

3. 常用数据库

在数据库应用中,选择一个好的数据库是非常重要的。目前,商品化的数据库管理系统以关系型数据库为主导产品,技术比较成熟,如Oracle、msSQL、Sybase、DB2等。综合它们的优缺点,对最主流的应用数据库来说,主要可供选择的有Oracle、msSQL、MySQL等,它们都具有性能可靠、可伸缩性好、并行能力良好、安全性好、开放性好等共同的特点。其中,Oracle具有较高的数据处理能力,通常应用于大中型数据库,但其价格不菲,应用与操作方面比msSQL更难于掌握。msSQL秉承了微软产品的一贯作风,操作性好,易于维护,是中小型数据库应用的最佳选择之一,但其只能应用于Windows操作系统。MySQL属于完全开源的免费数据库,适用于中小型数据库应用与开发,但就其整体性能来说,相对于Oracle和msSQL还是有一定的差距。

4. 语言开发

在语言开发方面，时下主要有Java、.NET、PHP、ASP等。

其中Java和.NET为最热门的两大开发语言；PHP技术也由于其开源免费等特点备受青睐；ASP作为微软公司相当成熟的技术，由于其简单易学受到很多开发者的喜爱。可以采用msSQL数据库与ASP技术，不过相对的安全性与性能上要弱一些。如果服务器操作系统选用Linux，则可根据具体情况在Oracle数据库与Java技术、MySQL数据库与PHP技术中进行选择。

（三）安全因素的考虑

随着网络技术的不断发展，网络安全问题不断涌现并成为关注的焦点。高校网络思政教育平台作为公开于网络中的信息平台，其安全问题必然是需要考虑的重要问题之一，主要需要注意以下几个方面。

一是环境及网络的安全问题。环境方面，服务器的放置位置要考虑防潮、防火、避免雷击等，在条件允许的情况下，尽量放置在专门的服务器机房进行统一管理。网络方面，在资金可能的情况下，可以配置专门的硬件防火墙，如果资金紧张，可以考虑使用廉价的软件防火墙，当然其安全性也会打折扣。

二是操作系统的安全性。相对于Windows操作系统来说，Linux/Unix系统的安全性能要好一些，但无论操作系统的安全性能如何，都需要及时升级，更新最新的系统补丁。

三是信息平台的安全性。在软件开发的过程中，要编写安全的代码，防止各种安全漏洞，提供安全的信息服务，避免因信息平台自身的缺陷而带来严重的安全问题。

四是管理人员的安全意识。管理人员要具备很好的安全意识和一定的安全知识，能够未雨绸缪，预防各种安全问题的发生，如及时更新最新的系统补丁、病毒软件、定期进行数据备份等。

在实际的管理中，安全问题必须引起高度的重视，否则很可能带来资源被破坏、数据丢失等严重后果。

（四）与其他行业网站和同类网站的合作与共建

高校网络思政教育平台不能包打天下，需要与其他网络平台相配合，达到功能上的互补，以增强网络思想政治教育的综合影响力。

第一，要大力吸收、利用政府网站和媒体网站中的教育类信息。首先，政府网站会定期发布有关党和国家的重大新闻、时事和政策信息，这些信息本身就蕴含着丰富的思想政治教育内容。其次，传统媒体的网络网站中也有大量可借鉴和利用的教育信息。最后，有意识地触发以上两类网站的教育意识和服务意识，使之成为高校网络思想政治教育的强大“同盟军”。

第二，加强对普通网站信息选择方向上的引导。首先，对主页信息的来源、真实性和导向性，高校网络思政教育平台要配合有关部门进行严格的审核。其次，网站所从事的主导性信息服务，应该坚持正确的舆论导向和健康的信息取向，提供健康的生活观念和参与方式。最后，还应弥补各高校网络思政教育平台布局零散、影响力过小的缺陷，推动其规模化发展，这是目前高校网络思政教育平台建设的一个重要举措。

第三，加强各高校网络思政教育平台的联合。全国各高校纷纷设立网络思想政治教育平台或与其有关的网站是一件好事，但过散、过滥并不利于其发展，与其大家各自为政，不如联合起来。目前，我国部分具有远见卓识的高校教育家已经在教育部的带领下进行了这方面的初步尝试。“教育部中国大学生在线”已经成为集众多高校网络思政教育平台优势于一体的强势网站，同时开启了合作共建的新纪元。

第三节 新时代高校网络思政教育平台数据管理设计

一、数据管理系统拓扑结构

高校网络思政教育平台向高等教育处提供弹性计算、存储、应用开发和部署等服务，提升数据管理系统资源的利用效率，实现高等教育处信息数据资源共享。平台按需为各高校提供计算资源和存储资源,在服务上主要体现为应用部署服务,为各高校业务系统迁移部署提供主机、网络、安全设备,为业务系统设备提供存储空间。

在整个服务平台中,数据存储设计是至关重要的。数据存储处理利用分布式存储、处理技术提供数据存储以及数据分析等,应用支撑平台通过通用开发框架、通用组件提供应用开发支撑服务。

二、数据管理系统总体架构

数据管理系统是结合高校思政教育的实际情况而提出的。数据管理系统是在Windows操作系统上利用MyEclipse集成开发环境,采用基于Java的B/S架构开发实现的。该系统基于HTTP超文本传输协议,实现了浏览器和服务器之间的通信并交互信息。高校用户、高校管理员、系统管理员通过浏览器可以方便地实现对数据管理系统的访问。由于主要的控制逻辑集中在系统的后台,高校管理员还可以轻松审核高校用户所提交的数据,数据的清洗和校验过程对用户则是透明的,这样的设计实现了高内聚、低耦合的开发要求。

为了更好地开发运维数据管理系统,必须分离业务逻辑①。系统中各部分的作用如下。

(一)数据层

通过访问处在数据库中的数据信息,系统会分析收到的值,进而对数据库进行相应的操作。具体来说,高校网络思政教育平台系统的数据层从学校信息管理、教师信息管理、学科专业管理、人才培养、学生信息管理等几个方面得到数据,借助对相关数据的操作完成了数据采集、数据清洗、数据跟踪和数据导出等功能,此时就产生了一定量的数据,对这些数据进行处理后录入到数据库中,进而实现对系统的数据持久化存储。

(二)功能层

高校网络思政教育平台的系统用户包括高校用户、高校管理员、省

①王新.高校思想政治教育主题网站建设研究[D].太原:山西财经大学,2008.

教育厅高等教育处等。高校用户通过访问互联网,利用PC终端的Web浏览器访问数据管理平台。高校管理员可以在此平台上对高校用户提交的数据进行审核操作,退回不符合要求的数据。省教育厅高等教育处可以进行用户权限设置以及系统日常的维护。

(三)应用层

在保障安全的基础上建立数据管理系统,在客户使用的同时保障其准确性和高效性。用户可以正常进行合法访问,所有功能均可被正常使用。凭借数据管理系统中的数据信息以及接口,为用户提供数据采集、数据跟踪、数据导出等服务。

三、数据管理系统功能结构

数据管理系统是结合高校网络思政教育平台的实际情况而提出的,项目目标是建立以高速互联网络技术为基础的集成一体化管理信息化平台。具体包括:①实现信息公开、共享;②基于工作流的数字化办公系统和基于关系数据库技术的数据中心管理,帮助省教育厅统一管理;③实现最大限度的资源共享,灵活地实现数据管理,在大数据支持下实现数据挖掘与知识发现。

第四节 新时代高校网络思政教育平台系统搭建

一、思政理论子系统

思政理论子系统其实是一个信息发布系统。完整的信息发布系统包括多个模块,每个模块有多个功能,通过整合,它们便形成了一个完全集成的基于Web的方案。内容发布系统主要包含以下五大模块:栏目管理、文章管理、管理员管理、前台文章显示、前台文章按知识点跳转到思政论坛。以栏目管理和文章管理这两个模块为例,简要说明一下其管理模式。

(一)栏目管理

栏目即文章的分类,每一条文章都属于一个栏目,一个栏目可以包含多条文章。栏目管理主要提供了增加栏目、修改栏目、删除栏目三种功能。

一般来说,在高校网络思政教育平台中,新闻分类的主要是根据马克思主义中国化的最新成果、理论热点聚焦、大学生学习观、哲思驿站(即哲理小故事)等,这些栏目的内容可以按科目知识点分类。

新闻页面采用动态读取的方式,即新闻内容保存在数据库中。新闻对应的数据库包含如下字段:知识点、标题、发布时间、链接地址、作者、文章内容,其中链接地址和文章内容为互斥字段,即若链接地址字段有内容,则表示当前文章是链接到外部地址的,文章内容为空;若文章内容非空,则表示当前文章为手动添加的文章,文章内容字段保存了文章内容的HTML(超文本标记语言)形式,此时链接地址为空。[①]

自定义的文章涉及的图片、附件等信息均以文件的形式存储在服务器端指定目录下,数据库中只保存内容页面布局的HTML代码。

文章内容页为设计好的样式,当浏览具体某个文章时,根据文章表的主键(发布时间)在数据库中查找到对应的所有字段,并将其显示在内容页的指定位置。

(二)文章管理

文章管理模块包括文章的发布、删除、修改等常见功能。文章发布时的内容要根据自身需要对第三方工具进行配置和修改。文章页面中可以包含常见所有内容、文字、图片、超链接、附件文件、音频、视频等。

通过文章管理模块主要可以完成以下任务:①添加新的文章,文章为系统的主要内容,包括普通文章和图片文章;②修改文章,同时可以更新文章的图片;③删除文章,同时从服务器上删除该文章所包括的图片;④搜索文章,将文章按知识点、标题、作者、发布时间等条件检索出来,方便对其进行操作。

①张松.基于视频点播的高校思政教育网络系统的构建及应用研究[D].沈阳:沈阳师范大学,2011.

对于文章栏目的信息数据库,可以列出栏目ID(自动编号)、栏目名称等数据项和数据结构。

对于管理员信息数据库,可以列出管理员ID、名称、密码、级别(数字)等数据项和数据结构。

对于文章内容信息数据库,可以列出文章ID、文章标题、文章内容、栏目ID、知识点、点击次数、时间和日期、文章作者、文章来源等数据项和数据结构。

二、思政论坛模块

(一)系统用户及其功能

普通用户(游客):该论坛的一种用户,以游客身份登录本系统,只具有查看帖子的功能,不能留言。

注册用户:已经注册的用户,可以进行普通用户的所有操作,可以登录、修改个人信息,可以发表留言。

版主:可以进行注册用户的所有操作,其主要权限是对分论坛进行文章管理。版主的管理界面除了个人后台的所有功能外,还包括以下的功能:①帖子管理,版主有权对自己管理范围内的帖子进行删除、编辑操作;②用户管理,对违章用户进行惩罚;③版块公告发布,需要管理员授权。

管理员:可以对论坛系统进行管理,包括论坛的基本信息管理(对网站参数、通行证设置、Cookie设置、公告设置进行管理)、用户设置、修改管理员密码。管理员后台除了拥有版主的所有权限外,还有以下权限:①整个论坛账户的删除;②公告发布;③论坛设置;④版主设置(添加、更改、废除版主);⑤后台账户管理(密码修改);⑥版块管理(添加版块、子版块,设置版块版主)。

(二)前台功能描述

注册:学生在网上在线填写注册信息后,即可成为思政论坛用户。

登录:学生输入如用户名、密码、验证码进入思政论坛。

修改信息:用户登录成功后,可以修改自己的注册信息,如密码或其他内容。

在线注销:用户登录成功后,可以在线注销,此后将不再拥有登录后的在线权限。

发表帖子:用户登录成功后,可以在某版块发表自己的帖子。

回复帖子:用户登录成功后,可以在某版块针对某个帖子进行回复。

修改留言:用户登录成功后,可以针对自己所发表的某个留言进行在线修改。

删除留言:用户登录成功后,可以针对自己所发表的某个留言进行在线删除。

分类查询留言:游客或者登录成功的用户,可以选择感兴趣的分类版块,并查看其中的帖子或留言信息。

高级查询:游客或者登录成功的用户,可以按照系统所给定的各种查询选项选择感兴趣的查询条件,并查看其中检索到的帖子或留言信息。

显示用户列表:包括后台管理系统中的各个模块。

学生信息管理:包括学生资料查看、编辑个人资料、好友管理、短消息管理。

三、网上答题和征文系统

网上答题系统主要包括学生端和教师端。学生端需要学生在登录后实现答题、查询成绩和修改密码功能;教师端需要教师在登录后实现学生成绩查询、学生排名、网上答题题库的增删改查以及密码的修改。网上答题系统要考虑的主要是怎样抽题、怎样收集答案、怎样保存、怎样评分这些问题。

征文系统与答题系统类似,但区别是学生要在线提交论文,提交之后,教师和学生都可以对提交的论文进行评分,系统自动根据综合评分的高低算出排名。评分的选项有10个档次,每档10分,最优秀者可得100分。

四、架构设计

为了使系统具有良好的结构，并使业务层从系统中独立出来，以便于扩展与重用，高校网络思政教育平台的系统一般采用层次体系结构设计方案。系统共分为表现层、Web层、业务层、数据持久层四个层次。可以将系统业务全部放在业务层，业务层对数据持久层的依赖可以用接口进行隔离，使其不依赖于具体的数据持久层实现技术。

（一）表现层设计

表现层使用aspx页面作为呈现技术，并采用JavaScript来实现与客户的交互工作，增强用户体验。

（二）Web层设计

Web层根据项目需求及页面设计实现页面的code-Behind文件，来响应页面操作事件，并通过调用业务层代码来实现分层的业务操作。code-Behind文件一般为页面名字后面加上.cs。比如MainPage.aspx文件的code-Behind文件为MainPage.aspx.cs.

（三）业务层设计

业务层采用面向接口设计，其好处有：①分工合作，提高效率；②有利于复用；③低耦合。

在实际编程中的好处是，如果想换一个对象注入的时候，只用改变XML配置文件的相应地方即可，不用改变其他地方的代码。当代码的变动很大的时候，这一个好处会更加明显。

模块一般根据业务领域的概念来命名，而类名则为模块名+Service组合而成。

（四）持久层设计

采用NHibemate作为持久映射框架，在设计的过程中除了考虑到用户的需求外，还需要考虑系统的灵活性、可扩展性和可配置性。一般使用CodeSmith模板生成Entity和DAO。

五、数据库设计

数据库设计在保证完整性的基础上兼顾了一定的冗余，以保证数据库在异常情况下仍然可以根据一些数据恢复到可以工作的状态。

数据库的整体设计使用了多张流程表，减轻了对于一些负载比较大的表（如用户信息）的重复刷写，保证了数据库的访问效率。流程数据中的大部分表都有相应的历史表，方便查询统计，更适合管理员进行年度备份或月度备份等操作。

数据库表的命名遵循了统一的规则，即前缀_名称（单词间以下划线分隔）。所有表名及字段（除为了兼容过去某系统中的几个字段外）以英文名称命名，简单直观，方便后期维护时排查错误。

考虑到在使用过程中数据信息量大、处理起来速度慢的因素，数据库的设计采用了后台服务来筛选数据，让操作员看到的数据都是已经在可操作范围内的数据，大大减少了操作员的工作时间和强度。服务运行的时间可以选择数据库访问量较小的凌晨等，这样内外网的用户都不会有明显的感觉。

六、配置文件设计

为了便于高校网络思政教育平台的系统在开发时能更好地划分职责，避免在协同开发时产生版本冲突，配置文件应按照模块化的方式进行设计，每个模块配备其相应的配置文件。通过采用这种模块化的配置文件设计，开发组各个成员在开发时各自只需修改自己负责模块内的配置文件，各开发成员能够互不冲突地进行版本同步。

第五节　新时代高校网络思政教育平台综合测试及应用

在高校网络思政教育平台系统的搭建中，要保证系统的稳定和使用的便捷，必须要对系统实现进行合理的设计，并针对相关功能进行测试验证，保证其有效性。

一、高校网络思政教育平台系统的实现

(一)开发框架整合实现

1. 表现层实现

表现层使用aspx文件来实现。微软的aspx文件最大的好处是编写简单且易于美工处理。在视图设计器中可以比较完整地重现客户端效果,方便美工对页面做调整。编写的语法接近于HTML,因此很容易从其他平台迁移到ASP.NET的开发中来。

2. Web层实现

系统Web层使用ASP.NET开发框架。通过ASP.NET框架的支持,系统在生成页面时同时产生的一个code-Behind文件,只需编辑这个code-Behind文件,即可完成对页面级处理的要求。[①]

3. 业务层实现

系统业务层是面向接口设计的,接口是根据需求来进行设计的。接口设计时都编写了非常详细的注释,一般来说开发人员不需要查看其他文档,仅根据接口注释就能编写业务层实现。另外,业务层不依赖于任何开发框架,仅仅是非常干净的C#代码。

4. 数据持久层实现

数据持久层采用Hibernate技术实现。本层实现使用代码生成工具生成了一些模板化的代码。

(1)ICBasicinfoDAO接口

ICBasicinfoDAO与CBasicinfoDAO应用了DAO设计模式,它将上层业务与数据库实现技术隔离开来。

(2)CBasicinfoDAO类

CBasicinfoDAO应用了Template设计模式,它将Hibernate在操作数据库时的一些重复乏味的样板式代码封装起来。

当使用Hibernate进行数据操作时,往往进行以下步骤:打开Session、开启事务、数据库操作、提交或回滚事务、关闭Session。其中,数据库操作这一步是最重要的,将那些数据库操作以外的重复代码利用Template

---

①刘慧. 高校网络思想政治教育的现实困境及对策研究[D].沈阳:沈阳师范大学,2017.

模式封装起来,可以极大减少代码冗余,减轻编码的工作量。

5. Spring整合各层

从以上各层的代码实现上可以看到,代码中并没有任何地方出现过new关键字,也就是说,我们不需要自己手动创建对象,创建对象的工作全部交给Spring。Spring采用依赖注入的方式管理系统中的依赖关系,可以将创建对象和使用对象分离开来,更深地解耦系统。

(二)系统运行环境

服务器:HP DL580。

操作系统:Windows Server 2019。

服务器内存:32G。

数据库:Oracle。

Web服务器:IIS 6.0。

二、高校网络思政教育平台系统的测试验证

(一)集成测试

集成测试就是把若干个经过单元测试的模块(或单元)组装到一起进行的测试。根据测试过程中组合模块的方式,可以把集成测试分为两种:①非增式集成,即先分别测试每个模块,再把所有模块组装在一起进行测试;②增式集成,也称为递增集成法,即逐次将未曾测试的模块和已测试的模块结合成程序包作为一个模块进行测试,逐步集成出整个系统。增式集成根据集成操作方向又可以分为自顶向下和自底向上两种方式。

集成测试设计测试用例的方法主要采用白盒与黑盒两种方法相结合(也称为灰盒测试方法)。集成测试主要关注的点有:模块间的消息接口、模块间的功能流程、模块间使用的数据表、子系统的处理性能、输出检查点等。

(二)功能测试

功能测试是利用功能测试法进行动态测试,需要测试软件系统的功能,不需测试内部结构和处理过程。功能测试由测试人员设计测试用例

并逐一进行测试。

(三)安全验证测试

高校网络思政教育平台系统采用先登录、后操作的方式,因此必须测试有效和无效的用户名、密码,并注意是否大小写敏感。另外,还要测试在超过了系统设定的登录次数限制后,是否可以不登录而直接浏览某个页面等。

高校网络思政教育平台系统有超时限制,用户登录后在一定时间内(30分钟)没有点击任何页面,就需要重新登录才能正常使用。为了保证本系统的安全性,日志文件是至关重要的,必须测试系统的相关信息是否写进了日志文件以及是否可追踪。

(四)测试结果分析

高校网络思政教育平台系统共设计了上百个单元测试用例、集成测试用例和功能测试用例,覆盖了系统的核心功能。程序员在进行单元测试时,必须在通过测试后才能提交到版本服务器中。从结果来看,所有的单元测试都已通过,集成测试、功能测试、兼容性测试和安全性测试也都已通过,即表明已经基本达到设计目标,完成了工作任务。

三、高校网络思政教育平台有效应用的对策

要想改善高校网络思政教育平台应用的主导影响因素,必须充分发挥学校、教师、学生的作用,才能优化平台,最终达到有效应用。

(一)加大高校网络思政教育平台的宣传力度

新事物的推广过程需要宣传。宣传的途径有人际宣传和大众宣传两种。大众宣传的信息覆盖率广,能够辐射的人群十分广泛,但接受率相对较低。人际宣传覆盖率比较窄,能够辐射的人群范围较小,但人际宣传的说服效果要好于大众宣传。

1. 学校宣传

学校宣传属于大众宣传,能够让学生迅速了解相关信息。学校宣传组织性较强,并且具有一定的权威性,在网络思政教学工作中的宣传效果比较显著,学校应该积极采用。首先,学校相关部门可以通过文件将

思政网络教育平台的相关信息发送给各个院系,由各院系组织师生学习文件内容,为网络思政教育平台的推广和使用奠定基础。其次,大一新生作为高校网络思政教育平台的主要推广对象,在入校教育中要对其进行重点推广和宣传。比如,针对新生开展专题讲座,向新生介绍平台的使用方法,并组织相应的活动让学生体会到网络思政教育平台教学的好处和需要注意的方面。最后,利用校园媒体和各种宣传渠道对平台进行宣传,提高学校师生对网络思政教育平台的认识。

2. 教师宣传

教师宣传属于人际宣传。学校在教学信息宣传方面具有天然的优势,教师推荐给学生的信息作用则更加明显。在信息传播的最初阶段,推广对象群体中的意见领袖能够促进推广对象群体更快地接受推广内容,而教师在学生群体中处于“意见领袖”的位置。因此,在网络思政教育平台的推广中充分发挥教师的作用,能够使推广活动更快见到效果。教师意见领袖作用的发挥不仅在于对网络思政教育平台的大力宣传,还要将其融入自己的教学理念和课堂实践当中,让学生切实感受到网络思政教育平台与自己的紧密关系,促进他们更快地接受并尝试使用。

(二)将思政课网络教学平台的使用纳入考核机制

考核是针对某项活动的评估结构,它注重过程的管理。将网络思政教学平台纳入教师和学生的考核机制中,能从制度上为平台的推广提供保证,同时也可以促进教师使用网络思政教育平台进行教学。

1. 将网络思政教育平台的建设纳入教师考核机制

将网络思政教育平台的建设纳入教师工作考核机制,对于加快平台的推广、普及和内容完善具有至关重要的作用。在实际教学中,教师对网络思政教育平台的关注度和重视度都偏低,一方面是由于多数的平台建设只停留在理论论证层面,没有真正地建设实施;另一方面是由于教师承担了额外的工作任务,却未纳入工作成效评估机制,使其积极性受到制约。

教师考核机制能够有效地刺激教师在网络思政教育平台推广、建设中的主动性。例如,将网络思政教育平台的工作成果直接与教师的薪资待遇、职称评定、职务升迁挂钩,就能够极大地刺激教师在网络思政教育平台中发挥作用。积极性是做好一项工作的基础性因素,如果不能从根本上刺激教师在网络思政教育平台推广中的作用,推广效果将大打折扣。

2. 将学生在网络思政教育平台的表现纳入总评成绩

考试成绩是一种刺激作用极强的学习要素,优异的成绩能够激发学生的成就感和积极性,形成学习的内在驱动力。如果学生在网络思政教育平台中的表现游离于学生成绩评分系统之外,不仅不能激发学生的学习兴趣,还会使他们产生厌烦情绪。因此,学校应该将学生在网络思政教育平台上的相关表现纳入成绩评分系统,让学生感受到网络思政教育平台的重要性和存在价值。在这一举措的刺激下,学生必然会开始接触并使用网络思政教育平台,随着使用频次的增加,学生会逐步体会到网络教学的优点,从而改变他们对网络思政教育平台的偏见,化被动学习为主动学习。

美国教育心理学家布鲁纳(Bruner)在《教育的适切性》中提出:“学习存在表层过程和深层过程。”据此,学生在网络思政教育平台中的学习可以分为两层。第一层是表层过程,即学生在某些因素的引导下,接触网络思政教育平台,学习掌握平台系统的基本操作和使用方法。第二层是深层过程,主要是透过学习的形式,探索所学内容的本质。网络思政教育平台能够为学生的深度学习提供良好的环境,比如学生在观看完某段视频后,可以在网站的论坛上与其他人进行交流,深层次地探究学习内容的意义。在素质教育理念下,网络教室是一种重要的教学模式,合理利用网络思政教育平台能够极大地拓展学习的深度和广度。

在学习结束时,教师应根据学生在网络思政教育平台中的表现,给他们相应的分数。这样能最大限度地提升学生参与网络思政教育的积极性和稳定性,并逐步改善教学结构,促进教学工作的现代化。

(三)提供基础条件

基础条件对网络思政教育平台具有重要意义,它是网络思政教育平台存在和发展的必要条件,良好的基础条件有利于平台发挥作用。

1. 完善网络基础设施

网络思政教育平台的建立必须拥有一定的基础设施，比如学校网络与计算机设备。良好的计算机设施与网络设施是学校进行网络思政教育平台建设的基础，想要保证高校网络思政教育平台顺利发挥作用，必须先建设好基础设施。

首先，网络设备的更新换代。随着互联网的逐渐普及，很多高校都开始在网络基础设施建设上投入。当前，大部分高校的网络基础设施建设已经具备雏形，但更新换代不够及时，设备老旧已经成为制约依托网络基础设施发展的网络思政教育平台的重要因素。

其次，优化数字化教学环境。建立网络思政教育平台，需要数字化的教学环境为保障。在当前网络基础设施建设的基础上，可以将多媒体教室改造成为数字教室，为先进教学手段的运用提供基础。

最后，改善校园网络。第一，扩大校园网络的覆盖范围，不仅学生宿舍、教师宿舍要接入网络信号，其他公共空间也应该尽可能覆盖Wi-Fi信号。第二，改善学校网络质量，接入光纤，提升网络接入的速度。由于网络思政教育平台有大量的视频资源需要下载和观看，如果网速达不到要求，会极大地影响使用体验，导致网络思政教育平台难以得到学生和教师的认可。

2. 提供相关政策支持

为解决我国教育发展难题，促进教育的改革和创新，国家做出了以教育信息化带动教育现代化这一重要决策。为了贯彻这一重大决策，2010年，教育部制定了《国家中长期教育改革和发展规划纲要(2010-2020年)》，各高校根据规划纲要要求积极落实教育信息化。网络思政教育平台是教育信息化的重要表现，学校应在规划纲要的指引下制定落实网络思政教育平台的相关政策，为平台的使用创造一个良好的环境氛围，为平台的建设和使用提供政策支持。

首先，学校要制定切实可行的网络思政教育平台建设方案，将各项建设措施具体化并提上日程，改变以往平台建设只停留在理论论证层面的现象，切实促进平台建设工作的进行。

其次，建立合理的赏罚制度。制度化是保证该项目实施的基础性要素，制定网络思政教育平台建设和使用赏罚制度的目的是促进网络思政教学平台的建设和发展，调动教师在平台建设中的积极性。从学生层面来说，将网络思政教育平台的使用纳入学生成绩评定系统，能更好地促进平台在学生中的推广。

最后，学校要制定文件将网络思政教育平台的建设和发展提上学校的发展日程，提升其在学校发展中的地位。目前，科研成果和理论创新是评定教师工作质量和成效的主要标准。将教师网络思政教育平台的工作纳入教师工作评价体系，会改变原来的教师工作评价状况，更多从事实践性工作的教师将得到更多的机会。

（三）增加师生培训机会

培训是对相关人员传授正确的思维认知、基本知识和技能的过程，以期望其完成本职工作。为使网络思政教育平台得到有效运用，必须对教师和学生进行培训。

1. 对学生的培训

第一，操作培训。此项培训的目的是让学生能够熟练地使用教学平台进行学习。培训完成后，学生平时可以利用学校或自己的设备熟悉操作，然后教师再设计操作相关的教学内容来检验学生的掌握程度。

第二，观念培训。此项培训是对学生进行网络思政教育平台建设的价值引导，使他们认识到网络思政教学的重要意义，以便他们更好地使用平台进行思政课程的学习，提升平台的使用度。

2. 对教师的培训

第一，更新教学理念。建构主义理论认为，学生是教学活动的中心，教师的工作是围绕学生的学习展开一系列辅助、引导和促进活动。教师要改变以往的认识，切实转变自己的身份，履行好自己的新职责。

第二，提升技术熟练度。技术培训能够让教师更好地了解和掌握网络思政教育平台的使用和操作，以便他们更好地利用平台组织教学内容，指导学生自主学习。

第三，改变教学模式。教学模式培训能够让教师了解更多的教学方法和教学模式，以便他们在使用网络思政教育平台进行教学时，方式更加灵活。

第四，植入网络思想。此项培训主要是网络教学信念的培训，可以让教师去使用网络思政教育平台的领头学校或国外进修、学习，让教师亲身感受网络思政教育平台的优越性，坚定使用信念，激发使用动力。

总之，加强教师培训可以提高教师的整体素质，激发教师使用网络思政教育平台的积极性，对教师和学生有效使用网络思政教育平台具有重要意义。

四、完善网络教学平台

（一）平台操作简便化

复杂性是推广新理论和新技术必然面对的问题。使用网络思政教育平台进行思政教育是一种新的教学模式，人们对它的认知大多停留在理论阶段，具体运用过程中有很多需要解决的问题。

网络思政教育平台的复杂性包括操作层面和易用层面。在现实生活中，人们更愿意接受精力成本和时间成本较少的事物。这些事物易于掌握，所以推广起来较为迅速。相反，如果某项事物比较复杂，人们为了掌握需要耗费相当多的时间和精力，那么推广的周期会变长，并且推广的效果也不容易控制。在网络思政教育平台的推广当中，如果教师和学生需要花费大量的时间和精力去掌握平台的使用技巧，那么平台推广的效果肯定会受到影响。因此在平台的建设中，一定要注意平台功能实现的简便性。

在网络思政教育平台的使用上，技术开发公司应尽量把操作步骤化繁为简，使用者不需要花太多时间、精力去学习，即使是没有电脑常识的人，经过简单学习后也可以快速使用。同时，说明书的设计要简明扼要。在网络思政教育平台的操作方面，主要借助开发商的力量，开发商根据师生对网络思政教育平台操作便捷的需求去努力改进，使平台的操作更加简便。

（二）丰富教学内容

1. 保证教学内容的质量

丰富网络教学平台内容时，要注意两点：第一，内容的质量必须要有保证，精品内容才能放到平台上共享。第二，平台内容主题要明确，能够引导学生发现问题、提炼知识。

另外，网络思政教育平台的内容还要注意其权威性：第一，权威渠道获取的内容具有权威性，这些内容必须经过反复的论证，能够准确地引导学生感悟其中的知识。第二，如果内容来源并不是权威渠道，而是教师自己编撰的，则要注意内容的实用性和趣味性，可以将内容定位于激发学生兴趣的层面。

2. 利用教学内容引导学生

教师可以在网络思政教育平台上设置自学材料、拓展材料和在线测试。

自学材料是每个单元的课件，课件主要是基础知识和重难点，它源于课本知识，又深于课本知识。

拓展材料包括教学案例（视频案例、文字案例）和阅读材料，其中教学案例是当下时事热点，阅读材料包括各种经典著作节选、学术论文等。拓展材料后要设置思考题，这些思考题的答案在课本中不会明确出现，需要学生理解课本基础知识，并用书中的理论进行分析后再得出结论，这能促使学生就问题查找资料或网上讨论。

在线测试为单元测试。单元测试中的客观题基本都在自学材料中，主观题可以从教学案例和阅读材料中选取。各单元测试成绩的平均成绩会占该课程总评成绩的一定比例，这能促使学生在测试之前主动学习网络思政教育平台中的自学材料和拓展材料。

另外，慕课中微课程的设计及应用符合信息时代碎片化的学习特征，网络思政教育平台的内容可以借鉴慕课中的微课程，把视频课程分割成10分钟左右的微视频，课程里面包含许多小问题，学生必须回答正确才能进行到下一环节。这样的学习过程犹如环环相扣的闯关游戏，能激发学生的学习兴趣。

（三）平台管理和维护

网络思政教育平台的管理和维护主要是管理和维护平台资源以及平台建设后期的管理与维护，以确保平台正常运行。

管理和维护平台资源主要包括两个方面。第一，加强监控。需要有专门人员负责信息的监控和管理，防止不良信息的传播扩散，及时清除有害信息，净化网络思政教育平台环境，为大学生提供积极健康的学习环境。第二，责任到人。网络思政教育平台有不同的专栏，按照“谁建设、谁管理”的理念，可以确保教师及时更新平台资源，积极建设自身负责的专栏。

多数网络思政教育平台容易重视前期的建设而忽视后期的管理与维护。用户使用网络思政教育平台时，可能会面临网速慢、服务器不稳定等问题。学校应设立专门的机构定期对网络服务器进行检测，以确保平台正常运行；还可以在网上设立报修系统，师生遇到技术问题能随时报修或咨询，以尽快解决问题。

第五章 新时代高校网络思政教育平台的建设

第一节 新时代高校网络思政教育平台的投资预算分析

一、商业机会

学生、家长和社会日益呼唤个性化的教育模式，多样化的发展需求要求有新的教育形式来弥补学校教育的先天不足。此外，网络教育这种新的学习模式还大大弥补了国家教育经费的不足，加快了全民受教育水平，满足国家经济发展要求，得到了国家政策的有力支持。同时，从总体情况看，我国的网络教育市场还处于起步阶段，而随着我国信息化程度的加快以及人们对网络教育认知程度的提高，网络教育市场规模将不断增长。[①]因此，高校网络思政教育平台的商业前景非常可观。

二、网站推广

高校网络思政教育平台可以通过传统媒体、网站合作、用户推荐、举办活动等途径和方式进行推广，进一步加强平台的实用性、优化用户体验，扩大影响力。

三、财务预测

在综合考虑高校网络思政教育平台经营规模以及项目在计划时间内顺利实施的基础上，高校可以对未来三年的盈利情况进行预测。预测结果如表5-1所示。

---

①吕春燕．高校网络思想政治教育平台的现状调查与分析[J]．现代商贸工业，2020(35)：14-15.

表5-1　未来三年盈利预测

年度	第一年	第二年	第三年
收入	240万元	2280万元	13200万元
净利润	-282.992万元	588.057万元	7545.33万元

四、资金需求

高校网络思政教育平台一期建设拟融资500万元，主要用于办公场所、人员工资、网站硬件、网站软件的营销推广。

五、风险及对策

高校网络思政教育平台建设项目的风险主要有不确定风险、行业风险、市场风险、财务风险。

针对上述风险，主要有以下对策：①规避不确定风险方面，要根据国家经济发展状况进行合理的产品定位，并不断开拓创新，及时调整、完善发展目标和经营发展战略。②规避行业风险方面，要利用独创的应用整合逻辑、涉及行业的专业性，形成有效的壁垒。③规避市场风险方面，要加强公关工作，加大宣传力度，扩大社会影响，降低开发市场的投入。④规避财务风险方面，要构筑和拓宽畅通的融资渠道，为高校网络思政教育平台的发展不断输入资金，同时完善平台自身的“造血”机制，加强对资金运行情况的监控，最大限度地提高资金使用效率。

第二节　新时代高校网络思政教育平台的组织设计

一、系统架构设计

（一）功能结构设计

功能架构描述了系统面向用户提供的所有功能，详细设计和划分每一个功能模块的细粒度的功能。系统功能架构如图5-1所示。

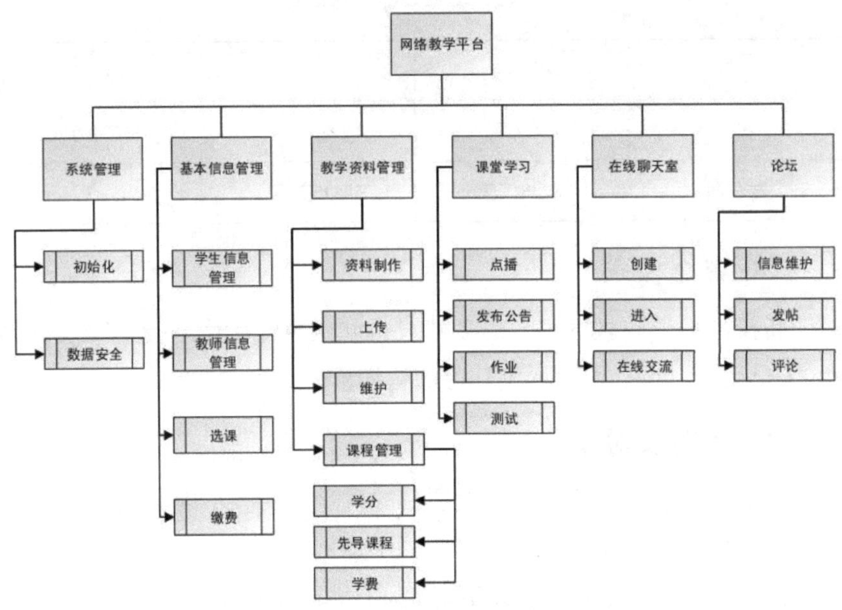

图5-1 系统功能组织图

如图5-1所示，功能架构的设计是面向系统开发的，即从系统开发的角度设计系统的业务流程，使得整个系统能够相互合作，完成日常需要的各项业务，在一定程度上，功能架构也体现了系统功能导航。根据图5-1，可以将网络思政教育平台的业务划分为6大模块。

第一，系统管理。面向系统管理员，负责对系统的初始化，负责录入所有初始用户以及学校、院系的基本信息，负责数据的备份、恢复。①

第二，基本信息管理。管理员可以对所有用户的信息进行查询、增删、修改等；普通用户（包括教师和学生）可以维护自身部分数据的管理，如通信方式、登录密码等。此外，学生在基本信息管理部分还能够进行选课、缴费操作，教师则可以查看哪些学生选择了这门功课。

第三，教学资料管理。这是高校网络思政教育平台最复杂的功能，其中涉及了网络思政教学资料的制作、管理员上传教学资料以及教学资料信息维护；管理员还负责课程的管理，包括学分、先导课程和学费的制定。

①刘一叶，井卫鹏.基于“易班”的高校网络思想政治教育平台建设研究[J].电脑知识与技术，2020(33)：48-49.

第四，课堂学习。学生根据自己选择的课程进入课堂学习；教师定期进入课堂，发布公告、作业和测试，并对学生的完成情况进行反馈。

第五，在线聊天室。聊天室是绑定在某一门课程下的，学习同一门课程的同学可以创建聊天室，以方便和教师、同学之间交流问题。

第六，论坛。师生可以利用在网络思政教育平台下的身份登录论坛，并进行发帖、回帖、留言等。

（二）体系结构设计

建议选择J2EE开发平台，在MVC开发框架下设计和实现具有B/S结构的高校网络思政教育平台，涉及的主要技术如下。

JavaBean本质上是一种Java开发的可重用组件，在MVC架构中处于模型层，负责数据的建模及访问。在使用JavaBean的过程中，数据类必须包含一个无参数的构造器，它能够服务于JSP页面、Servlet、其他JavaBean、applet程序或应用。因为它是基于强大Java语言进行构造和封装的类，所以它继承了Java的两大优势：跨平台和重用。此外，相比于业务逻辑类，JavaBean更容易编写和使用。

JSP是Sun公司提出的跨平台解决方案。JSP不仅实现了页面的动态化，而且在运行效率上进行了优化。JSP的工作逻辑是将结果以HTML的形式展示给用户，其动态业务逻辑由后台服务器解释执行，这也是JSP跨平台的真正原因。JSP页面可以镶嵌Java代码，实现Java的所有功能，如数据库读取、数据处理等。JSP与服务器之间是通过Servlet进行的，一个用户对于某个JSP页面的请求会首先转化成一个Servlet，服务器将Servlet进行解释执行，然后将结果以HTML的方式返回给用户。

基于JSP的MVC开发框架的工作原理如图5-2所示。

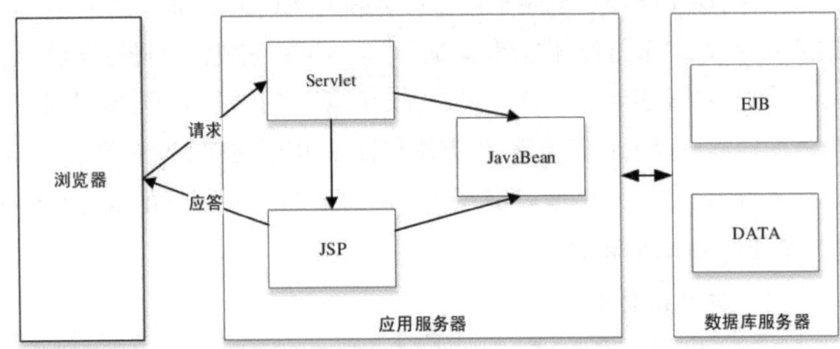

图5-2 基于JSP的MVC开发框架

（三）网络拓扑结构设计

系统采用B/S架构设计，分为浏览器端和服务器端，在系统部署过程中，采用层次化结构与模块化结构混合搭配的拓扑结构。系统网络拓扑结构如图5-3所示。

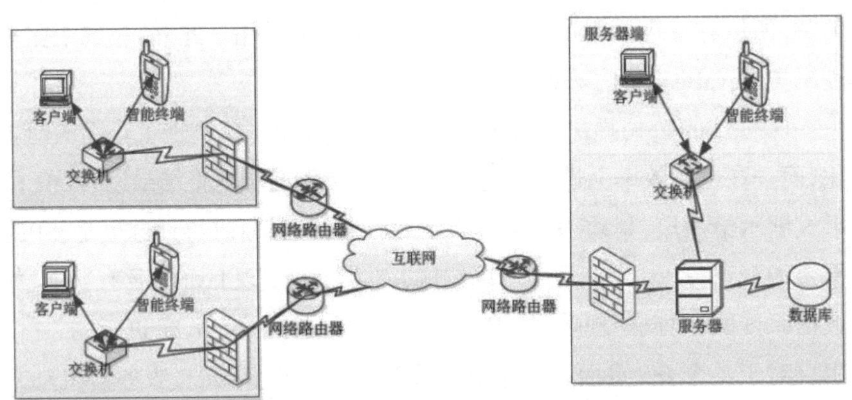

图5-3 网络教学平台网络拓扑结构图

在图5-3中，源节点包括客户端个人计算机等设备和终端，其中客户端设备节点的目标节点为服务器，通过互联网交换路由器连接。服务器端主要记录用户在任何客户端的交互行为，并连接到数据库管理系统，根据前端的需求对数据库中的信息进行查找。数据库中存有系统运行所需的数据，包括系统用户基本信息、教学资料以及在线聊天室和论坛的相关数据等。系统管理员的工作主要是维护系统服务器，负责系统的初始化以及数据的备份和恢复，以维护系统的正常运行。教师和学生用户则通过客户端浏览器进入网络思政教育平台进行教和学相关的业务。网络拓扑中站点设计较少,使路由协议可以很快收敛,并且在出现链路失效时可以快速恢复。

管理员对于服务器的管理通过校园内网进行,数据的上传和下载速率都有保障,普通用户(包括教师和学生)通过互联网连接服务器来获得服务,基于互联网的网络部署使用户可以随时随地通过浏览器访问,打破了传统教学中的时空限制,这也是网络思政教育平台的意义所在。

二、系统总体类图设计

(一)高校网络思政教育平台用户类图

高校网络思政教育平台用户类图如图5-4所示。

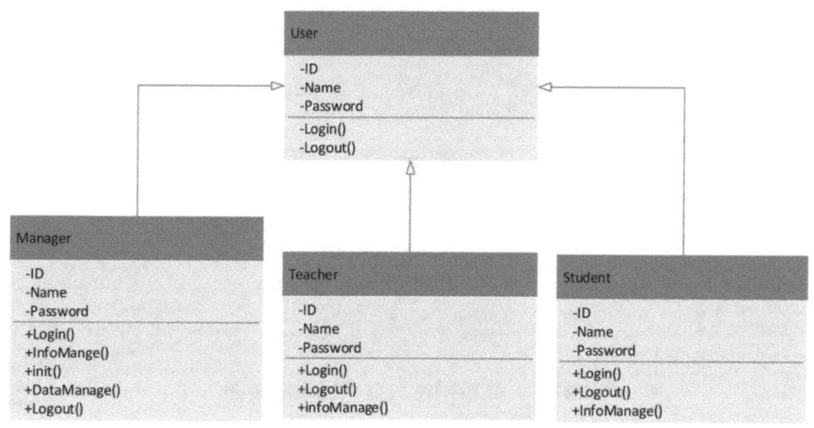

图5-4 用户类图

如图5-4所示,平台的3类用户,即管理员(manager)、教师(teacher)和学生(student)都继承自用户类(user)。用户类包括的属性有用户ID、姓名和登录密码,操作有登录和退出。

管理员在继承用户类时,还需要有负责系统初始化的方法、数据管理和基本信息管理方法。教师和学生在继承用户类时,都拓展了对于自身属性的管理方法。

(二)高校网络思政教育平台系统类图

高校网络思政教育平台系统类图如图5-5所示。

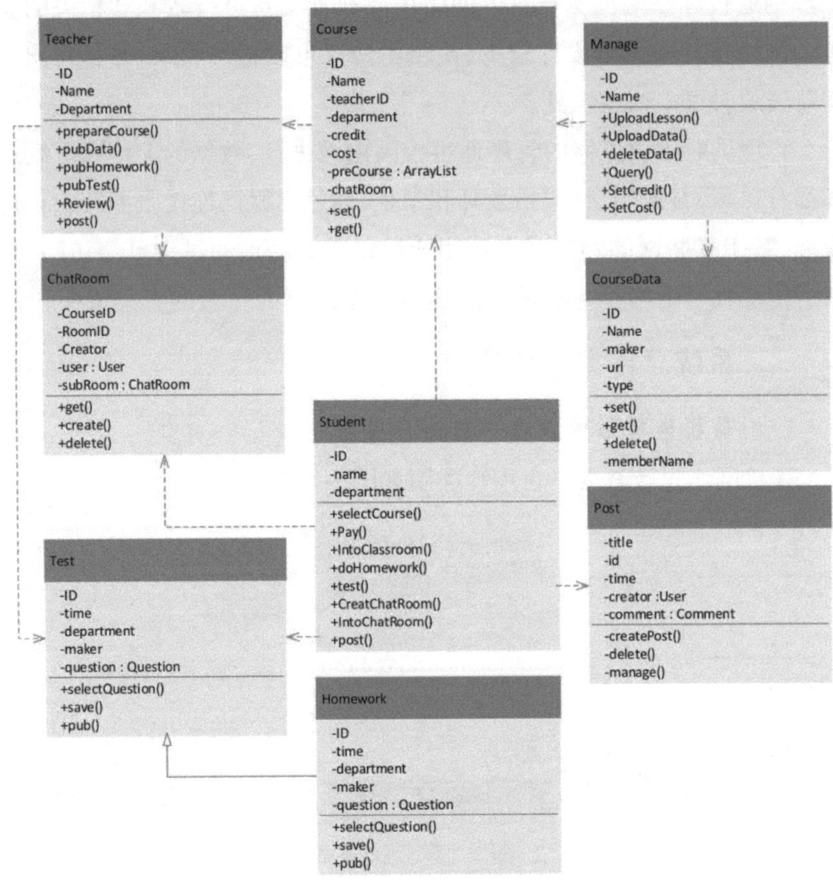

图5-5 高校网络教育平台系统类图

如图5-5所示，基于业务路线，对高校网络思政教育平台的主要功能类及其关系进行了描述。

业务的开始是教师类调用“prepare Lesson()”方法进行备课操作，准备教学材料。备课材料传送至管理员类，调用“Upload Lessson()”和“Up-load Data()”方法将材料上传至服务器，并在系统创建这门课程的基本信息，包括Credit、Cost等。

学生类通过平台选择课程“SelectCourse()”，调用“Pay()”方法付费，然后学生进入课堂“IntoClassRoom()”。这个方法的实现主要是调用了Course的“getUrl()”方法，获取点播视频的URL地址（在服务器中的存储路径），然后JSP页面加载这段视频，完成视频点播。

教师类还有发布作业和测试的方法，其实现主要是调用了Test类和Homework类的“Create()”方法。在这里，我们认为作业是一种测试，因此作业直接继承了测试类。在这两个类中都用到了Question这一构造型，它是对一个问题的描述类，多个问题组合成测试或作业。学生类完成作业和测试后提交给教师类，教师类调用“Review()”方法进行审阅、评分。

此外，学生类和教师类都可以调用ChatRoom的方法，用户创建一个页面聊天室，聊天页面中可以有多个聊天室。Post类是实现论坛功能的主要类，它描述论坛的主要组成元素（帖子）的属性和方法。

三、系统功能模块详细设计与实现

（一）选课功能

选课是学生用户使用网络教学平台的开始，学生只能够进入已选择和付费的课程进行学习。选课功能实现的前提是课程资料的管理，因此在进行选课功能的设计与实现时就需要做好课程资料管理的相关内容。

首先阐述选课功能的流程设计：①管理员创建课程，包括课程名、讲师、授课时间等；②设置基本属性，包括学分、费用等；③设置先导课程；④上传课程资料；⑤学生用户从课程查询开始；⑥学生获得课程的相关信息，确定是否选择课程；⑦系统判断课程是否有先导课程，以及学生是否已经完成了先导课程的学习；⑧如果学生没有完成先导课程的学习，系统返回先导课程资料；⑨如果学生选择先导课程，则进行付费，确定选课；⑩如果学生所选课程没有先导课程，或者已完成所有的先导课程，则学生可以选择这门功课；⑪为选择的课程付费，流程结束。

在MVC开发框架下，选课功能的实现主要依赖以下组件：①视图层的JSP页面，负责数据展示，将用户指令传送到后台服务器，以及根据后台返回结果进行页面跳转；②业务逻辑层，用Java类实现，负责实现各项业务；③模型层，包括课程类和学生类的JavaBean；④数据访问控制层，完成数据库的访问，业务逻辑层并不直接访问数据库，而是调用数据库访问类的方法完成访问，数据访问控制层负责读写JavaBean的属性，可以读取JavaBean对象的一个属性，然后写入数据库，也可以用数据库访问获得的数据实例化一个JavaBean对象。选课功能序列图如图5-6所示。

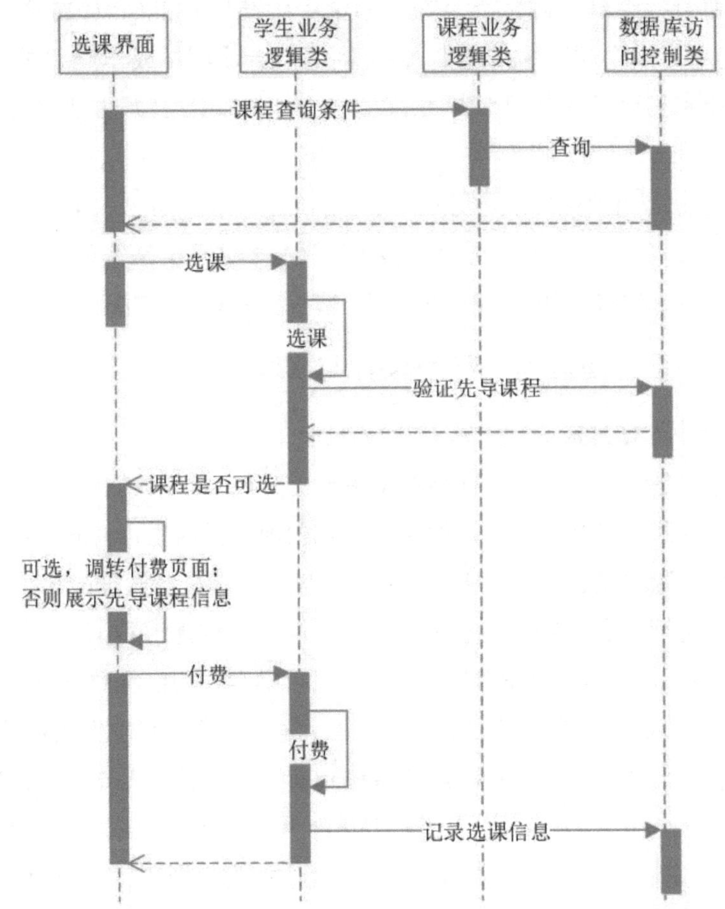

图5-6 课程设置及选课序列图

（二）思政教育课堂学习

思政教育课堂学习是学生用户进行学习的重要功能，其用户包括教师和学生。教师可以进入课堂发布公告信息、作业和测试，学生进入课堂，点播相应的视频进行学习，完成教师布置的作业，进行测试。

思政教育课堂学习的最重要的功能是视频点播，每一门课程按照课程内容被划分为多个视频，学生通过在JSP页面点击视频，完成视频的加载。此外，学生还可以下载与课程相关的学习材料，如随堂PPT、电子书籍、图片等。

按照MVC的开发理念，课堂学习的实现需要的组件包括：①负责数据展示的JSP页面；②负责业务逻辑控制的Sevlet；③模型层需要的Course Data类；④负责访问数据库的DBManage类。

课堂学习的序列图如图5-7所示。

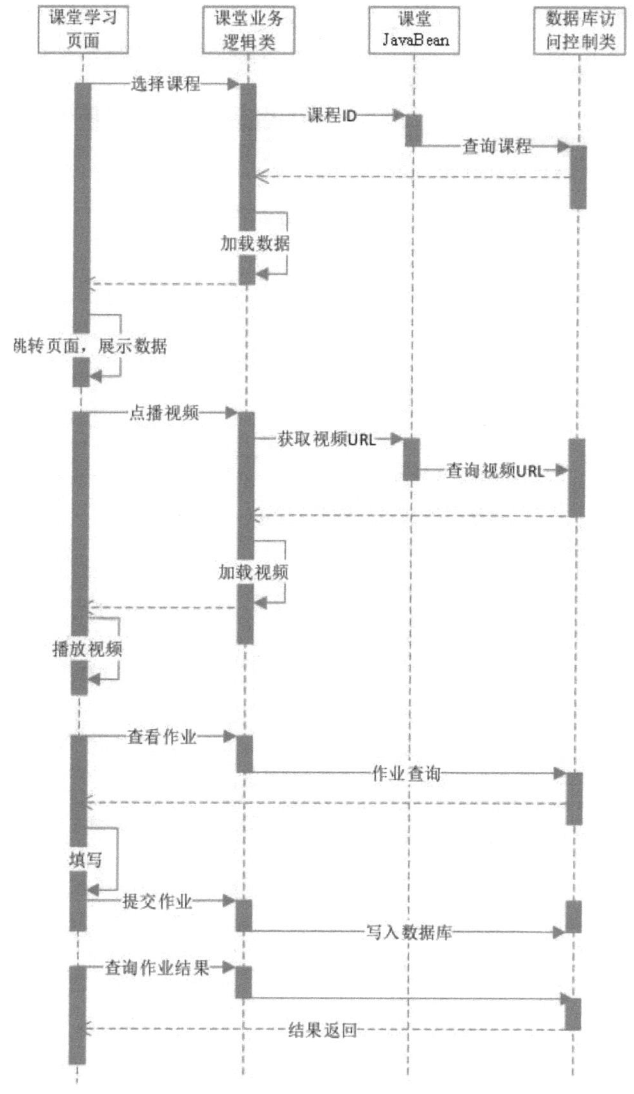

图5-7 课堂学习教学功能序列图

图5-7集中展示了学生选择课程、进入课堂学习、完成作业、查看作业结果等一系列功能。面向教师用户，系统会提供发布作业、测试材料以及审批学生提交的结果等功能。此外，学生在课堂学习的同时，还能下载课程相关的材料等。

（三）Web在线聊天

Web在线聊天功能是同课堂学习绑定在一起的，在线用户只有在学习同一门课程的时候才会进入同一个聊天室。进入聊天室后，用户首先面对的是聊天大厅，如果聊天大厅的人过多、内容不够集中，用户可以创建自己的聊天室并邀请他人进入；用户也可以自己选择进入感兴趣的聊天室进行交流。Web在线聊天功能流程如图5-8所示。

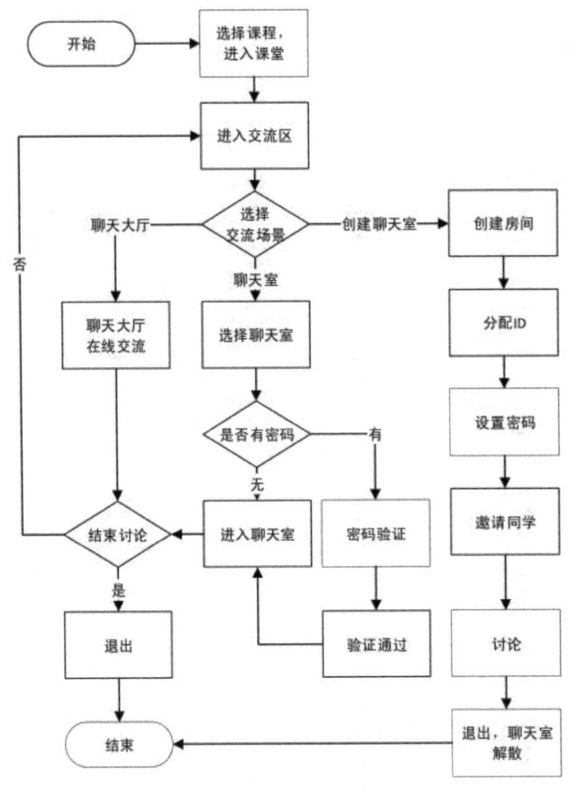

图5-8 Web聊天室功能流程图

如图5-8所示，聊天室的用户（包括教师和学生）进入课堂后，可以进入课堂下的聊天室,方便在同一时间段学习同一门课程的同学与同学之间的相互交流,以及相关课程教师在聊天室中为同学答疑解惑。

这里采用Java Socket技术在MVC框架下实现在线聊天功能,图5-9展示了Java Socket的通信过程。

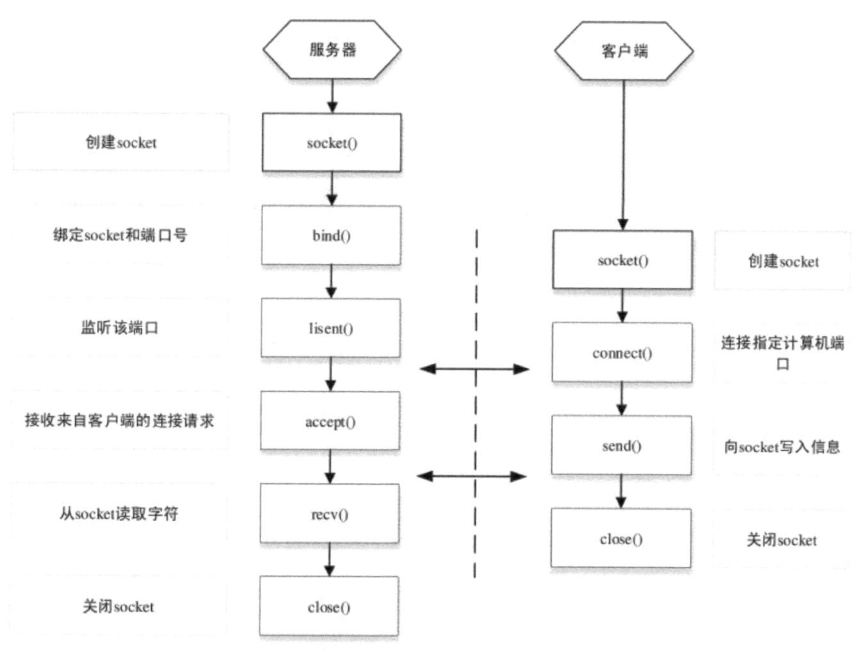

图5-9　Java Socket通信过程

如图5-9所示,要实现聊天室功能,即1对N的服务,只需要在服务器端通过多线程技术实现WebSocket类。服务器每监听到一个connect请求,就在服务器端创建一个线程,而主线程继续负责监听,服务器将监听到的数据反馈给同一个聊天室的所有用户,在JSP页面显示,实现多人聊天功能。

基于WebSocket的Web在线聊天功能具体需要实现以下组件:①在前台用JSP页面实现数据展示部分,提交用户的聊天信息,展示服务器反馈的所有信息;②WebSocket Servlet,负责在控制层实现Socket,当用户在JSP页面输入数据后,提交给后台Servlet;③WebChat,服务器功能类,负责监听所有用户的连接请求,Socket Servlet与服务器建立连接,将用户数据传送到服务器,WebChat调用“aAccept()”方法接收数据,存入数据库,同时返回给同一个Socket监听下的所有用户;④ChatRecord,模型层,JavaBean;⑤DBManage,数据访问控制,负责读写数据库。

基于以上分析,基于Socket的在线聊天功能的序列图如图5-10所示。

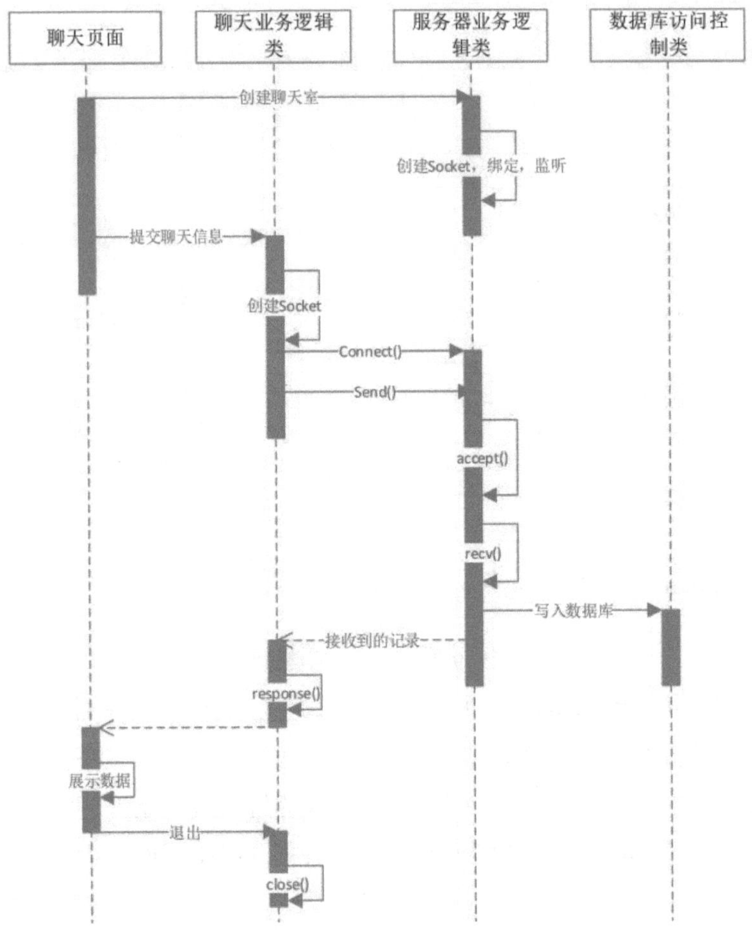

图5-10 Web在线聊天序列图

如图5-10所示,JSP页面将接收到的信息反馈展示给用户,实现在线聊天功能。聊天结束时,JSP页面将用户的退出请求提交给WebSocket Servlet,其调用Close方法,关闭网络连接。

四、联合数据存储

(一)联合存储策略

这里选择文件和关系数据库联合存储的方式保存和管理服务器数据。文件类型数据包括视频文件、PDF、PPT、图片等课程相关数据,这类数据一般较大,我们采用源文件的形式存储在本地服务器,与之相对应的是网络思政教育平台的中结构化数据,如学生信息、教师信息、选课信息等。

数据联合存储策略如图5-11所示。

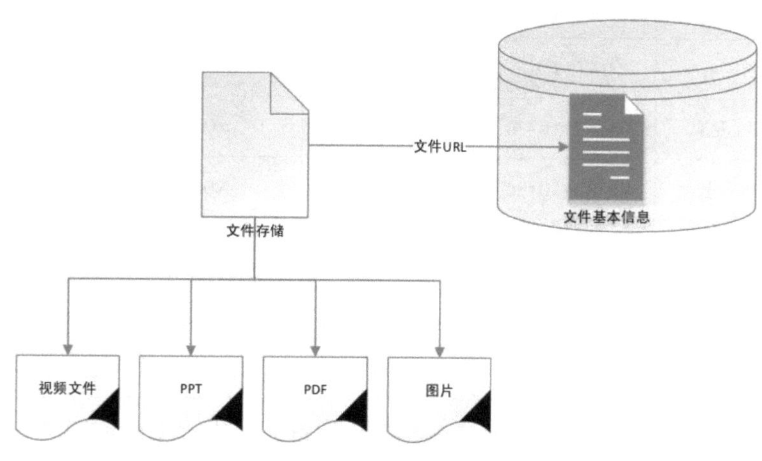

图5-11 数据联合存储策略

如图5-11所示,关系数据库中有文件基本信息表,基本信息表中通过URL属性唯一指定一个文件,标示了文件的存储位置。

(二)数据库信息表设计

在数据库设计过程中,采用了规范化设计原则,具体是采用第三范式的规范化设计原则。数据库设计满足的第三范式的前提是必须首先满足第二范式,第三范式要求数据库表中不包含任何一个其他表中包含的非关键字信息,这样的数据库设计要求可以有效地避免数据的信息冗余,以及数据更新时数据不一致的现象。基于关系数据库的E-R图分析和建模,信息表的设计如下。

1. 学生信息表

学生信息表是存储学生实体的基本信息，包括学生的ID、名称、专业等，其中ID为主键。学生信息表的设计如表5-2所示。

表5-2 学生信息表设计

字段名	数据类型	主键	非空	说明
ID	VARCHAR(10)	YES	YES	ID
Name	VARCHAR(10)	NO	YES	姓名
Department	NUM	NO	YES	院系
Birthday	DATATIME	NO	YES	生日
Location	VARCHAR(30)	NO	NO	地址
Company	VARCHAR(30)	NO	NO	所在单位
Telephone	VARCHAR(30)	NO	NO	电话
E-mail	VARCHAR(10)	NO	NO	邮件
password	VARCHAR(30)	NO	NO	登录密码

教师信息表和管理员信息表与学生信息表的设计基本相同。

2. 课程信息表

课程信息表记录了课程的基本信息，包括ID、院系、名称、学分等内容，其中ID为主键。课程信息表的设计如表5-3所示。

表5-3 课程信息表设计

字段名	数据类型	主键	非空	说明
ID	VARCHAR(10)	YES	YES	ID
Name	VARCHAR(10)	NO	YES	姓名
Department	NUM	NO	YES	院系
Credit	FLOAT	NO	YES	学分
Fee	INT	NO	YES	费用

（续表）

字段名	数据类型	主键	非空	说明
Type	NUM	NO	YES	必修、选修
Introduction	TEXT	NO	YES	课程简介

此外，课程与课程之间构成先导关系，同样以信息表的形式存储。

3. 选课信息表

选课信息表记录了学生选课的情况，学生ID和课程ID共同构成主键。选课信息表的设计如表5-4所示。

表5-4　选课信息表设计

字段名	数据类型	主键	非空	说明
StudentID	VARCHAR(10)	YES	YES	学生ID
CourseID	VARCHAR(10)	YES	YES	课程ID
Fee	NUM	NO	YES	是否缴费
TestID	VARCHAR(10)	NO	NO	最终测试ID
TestResult	NUM	YES	NO	测试结果

教师的授课关系表的设计与选课信息表类似，没有测试以及测试结果的属性信息。

4. 课程资料信息表

课程资料信息表记录了资料的类型、内容、制作者、上传日期等基本信息，其中URL是课程资料的主键。课程资料信息表的设计如表5-5所示。

表5-5　课程资料信息表设计

字段名	数据类型	主键	非空	说明
URL	VARCHAR(50)	YES	YES	存放路径
Name	VARCHAR(10)	NO	YES	材料名

（续表）

字段名	数据类型	主键	非空	说明
Type	NUM	NO	YES	文件类型
Creator	VARCHAR(10)	NO	YES	作者
CTime	DATETIME	NO	YES	制作时间
Uptime	DATETIME	NO	YES	上传时间
Introduction	Text	NO	NO	简介

课程信息表可以通过URL定位文件在服务器的存储位置，以此作为查询、下载或浏览功能实现的关键信息。

5. 聊天室

聊天室记录了一个聊天室的创建时间、结束时间、名称、创建者等信息，其中ID是聊天室的主键，以流水递增的方式自动生成。聊天室信息表的设计如表5-6所示。

表5-6 课程资料信息表设计

字段名	数据类型	主键	非空	说明
ID	INT	YES	YES	主键
Name	VARCHAR(10)	NO	YES	聊天室名称
Start	DATETIME	NO	YES	开始时间
End	DATETIME	NO	YES	结束时间
Creator	VARCHAR(10)	NO	YES	创建者
CourseID	VARCHAR(10)	NO	YES	课程ID

第三节 新时代高校网络思政教育平台的建设及其重难点分析

一、网络思政教育平台的内容建设

由于通过网络思政教育平台进行学习的时间、地点的随意性和对教育对象非强制性的特点，平台建设的内容是否能吸引大学生是平台建设成败的关键。为了提高网络思政教育平台的吸引力，结合思想政治教育工作的要求，网络思政教育平台应该包含以下6个模块的内容。

（一）思想政治教育第一课堂辅助资源模块

思想政治理论课是落实立德树人根本任务的关键课程，是对当代大学生进行马克思主义理论教育和思想品德教育的主渠道、主阵地。通过网络思政教育平台实现教育资源共享和师生交互作用，从而为翻转课堂教学模式提供有力的技术平台支撑和教学资源保障，构建更加有效的线上线下相结合的开放式课堂教学模式，符合现代教育模式的要求，可以更好地发挥学生学习的主观能动性，从而促进思想政治教育课程的吸引力和实效性。

在利用网络思政教育平台时，教师可以在课前通过平台提供的学习资源或者自行分享教学视频等资源给学生，再通过平台交互分享方式与学生进行沟通，从而实现教师通过平台提供教学资源，学生在课前完成学习，师生在课堂上完成答疑、交流、延伸等活动的翻转课堂教学模式。学生可以利用手机等移动智能终端访问平台，方便利用等车、课间等碎片化时间进行学习。为了更好地为第一课堂服务，网络思政教育平台同时配备教育资源管理系统、教学系统、监督系统、辅导系统、作业系统、答疑系统、学习交流系统、考试系统、测验系统、教学评价系统等。通过网络实现第一课堂辅助教学、自学、讨论、辅导、测验和考试等功能，也可以通过直播等方式提供远程教学的技术支撑，以适应不同学习群体的学习需要，从而提高教学质量，提高学生自主学习的能力和水平。

（二）思想政治教育拓展课堂慕课资源模块

慕课是一种开放式教育资源。网络思政教育平台通过将优质的慕课资源进行分类整合，按照不同专业、学习基础和难易程度等进行分类发布，使学习者很容易根据自己的年龄和知识水平找到适合自己的慕课资源，实现网络思政教育资源价值的最大化。大量的慕课资源虽然不断涌现，但是由于没有进行充分的资源整合，教育资源水平参差不齐，而且这些资源存在于各个高校或教育网站中，出于利益等原因无法做到充分共享，使得学生较难从繁杂的教学资源中进行取舍。因此，高校需要建立更好的平台进行优质资源整合和去糟存精，为学生提供更加便捷的慕课学习平台。

（三）综合服务模块

为了更好地发挥网络教育平台的作用，首先必须先把学生吸引到平台上来，而且平台要保证对用户具有一定的黏性。在网络思政教育平台中融入实实在在的面向学生的贴心服务功能，建立集学生日常查询与咨询服务、学生事务网上办公服务、勤工俭学与学生资助服务、创新创业和就业指导服务以及休闲娱乐服务为一体的综合性的服务管理平台，从而以服务带动教育，通过提供日常便利的服务吸引学生，增加网站最初的吸引力是目前最直接最有效的方法。

（四）素质教育培训资源模块

根据不同的用户人群推送不同的素质教育培训资源。针对党员教职工和学生，可以开设红色主题教育资源模块：一是提供红色理论与实践资源，通过展示马列经典著作以及原著，将党和国家的最新理论成果和时事热点资料上传供师生查阅和学习；二是设立网上党校和团校，利用网络开展党员培训、入党程序辅助查询等工作；三是设置红色历史与人文栏目，介绍可以吸引大学生的红色历史人物及历史事件等。针对学生干部群体，可以设立学生干部培训资源模块，包括礼仪、能力培养、责任意识培养等内容。针对毕业生人群，可以设立创新创业培训资源模块。针对心理压力大、需要缓解的人群，可以设立心理健康教育与咨询模块，为学生解决学业、感情、人际交往等方面的困惑。

（五）客户交互交流模块

建设网络教育资源平台，不仅需要提供优质的网络资源，还要形成良好的交互平台，从而保证学生与教师、学生与学生之间形成良好的交流互动。学生之间，有效的交流互动可以激发学习热情，促进共同进步；师生之间，有效的交流互动可以加强学习指导，方便答疑解惑。另外，具有平等性和隐秘性的网络教育平台为开展心理咨询以及学生反映情况提供了一个宽松通畅的渠道。

（六）校园文化宣传展示模块

校园文化建设是高校思政教育的重要组成部分，是理论与实践相结合的要求。设置基于网络思政教育平台的校园文化宣传展示模块，可以连接线上线下校园文化宣传教育活动，包括先进师生风采展示、校园活动直播和展示、各项比赛网上投票和展示，以及通过生动鲜活的图片、微电影、动漫等进行校园文化主题宣传，形成一种积极向上的校园文化宣传氛围，有助于优秀校园文化的传播和提升校园文化教育的实效性。①

二、网络思政教育平台的建设

（一）"易班"平台

"易班"是教育部倡导的集教育教学、生活服务、文化娱乐为一体的网络思政教育平台，是"互联网+思想政治教育"的创新尝试。"易班"网络平台拥有丰富的教育教学资源，如易课堂、名师工作坊、思政微课云平台和微社区等。另外，"易班"为各大高校的学生搭建了线上的交互式网络社群，实现了网络班级建设和党员网上群组建设，已经构建了稳定的网上社区。在"易班"网上社区中群成员相对稳定，更容易激发社群活力，构建学习型社群。

（二）微载体平台

微载体平台主要包括微信、微博、微视频软件。手机移动终端的使用正逐渐成为学生学习生活中不可缺少的部分，而对于大学生，微博、微

---

①岳苗苗．基于"易班"的高校网络思想政治教育平台建设探究[J]．中文信息，2019(9)：157.

信和微视频软件正日益成为他们获取信息、学习知识的重要途径。利用微载体网络平台开展思想政治教育是网络思政平台建设的一个重要渠道。

以微信为例,微信用户的黏性较强,而且软件功能比较全面。除了通信功能外,微信还具备订阅号、公众号等在线服务和信息传播的功能。清华大学通过微信平台开发的“雨课堂”,将复杂的信息技术手段融入微信,弥补了大班教学的缺陷。学生只需关注“雨课堂”微信公众号,即可在课堂上实现师生互动,教师也可以通过“雨课堂”实现课上弹幕、投稿、答题等功能,更方便地了解学生的实时状态。同时可以将课堂延伸,通过课前推送预习课件和课后反馈数据,使课程过程评价更及时和客观,让课堂互动贯穿全程,变被动学习为主动学习,提高学生学习的积极性。思政教育不是一蹴而就的,需要建立长期的教育和熏陶过程。微信、微博、微视频软件可以成为高校网络思政教育平台的延伸渠道,学生离开校园后仍然可以利用平台展开学习。

(三)主题教育网站平台

校园官方网站是向师生传达各类信息的有效平台,可以发布教学任务、展示学校形象、公开各类校务等,因此必须把校园官方网站作为重点建设的网络平台。另外,一些政府官方主题教育网站,比如共产党网、中国大学生在线等,都有很多优秀的教育资源,可以成为建设高校网络思政教育平台的依托网站。

(四)综合性网络教育平台

虽然思想政治教育网络阵地建设的平台很多,但是各自因利益、建设目标等限制,导致其存在一些缺陷和不足。创新性地建设综合性网络教育平台是急需探索尝试的重要工作,是需要整合各层次资源,集各高校合力,在政府教育机关的大力支持下才能完成的任务。综合性网络教育平台的建立,需要整合各种优势教育资源,并对各种资源进行分类分层整理,对各模块进行优化设置,实现有效的资源共享,避免教育资源的重复开发,提高教育资源利用的实效性,这是大数据背景下对优势资源以及教育实现人力、物力、财力资源的有效整合和优化。通过综合性网络教育平台的建立,提高人们对教育资源的共享意识,加大国家政策对教育资源共享平台建设的扶持，从而营造出一个良好的网络教育资源共享环境，这不仅是满足教师和学生的教与学的需求，更是科教兴国的必然要求。要鼓励各大高校和教育网共建共享资源，特别是“双一流”名校要将优质的教育资源共享给其他院校。将优质的教育资源共享，同时不断得到学习者的意见反馈，不断进行修改和完善，从而更好满足学习者的需求，这是综合性网络教育平台建立的目标。

三、建设重难点分析

首先，制作工具采集的数据没有统一的标准，不能进行有效的资源共享。没有统一标准的数据意味着只能自己使用，不易交流，这种“各人自扫门前雪，莫管他人瓦上霜”的做法很难与教育部的基本思路相一致。

其次，网络思政教育课件与课程的整体策划相分离。目前流行的课件制作工具中，或着重教师授课过程的视频和音频采集，或注重授课内容的展示。而这些素材在一门课的整个教学过程中如何运用，如何对学生的学习质量进行影响，如何与辅导和考试相结合，则往往不在考虑的范围内，造成课件是课件、课程是课程的情况，相互关联很小。

第四节　新时代高校网络教育平台的验收

在项目收尾阶段，高校针对网络思政教育平台的建设情况，主要应开展以下几项工作。

一、项目总结

在为期几个月的项目实施后，需要对平台的应用情况和项目管理过程进行总结。在平台的应用情况方面，要针对网络思政教育平台目前进行了哪些功能的应用、取得了哪些成果、目前还存在着哪些问题等进行总结。在项目管理方面，要针对项目的可行性分析、项目计划、项目过程的控制、项目合同管理等方面进行总结。通过总结，分析网络思政教育平台建设项目所取得的成果，发现并解决问题，从而为网络思政教育平台投入使用奠定基础。

二、项目验收

为了保证项目的顺利验收，高校要组织成立专项的项目小组对网络思政教育平台项目进行验收。该专项小组的成员以及各个成员的职责如表5-7所示。

表5-7 项目验收成员的职责表

项目成员	职位	主要职责
验收小组组长	学院院长	负责组织开展教育网络管理平台的验收工作，调动各方面的资源，确保项目的顺利验收
主要成员	各系部负责人	负责所在系部的项目验收工作，充分了解所负责系部的项目使用情况
验收执行成员	信息技术部门、各系部相关人员、学生代表	负责按照项目实施合同开展具体的验收工作，保证项目各项功能能够得到顺利的使用，在验收中发现使用中所存在的问题

通过组织成立项目验收小组，保证项目验收小组在学校和各院系负责人的领导下全力投入项目验收工作，保证项目的各项功能顺利使用。同时，在验收中发现问题并改进，以保证网络思政教育平台功能的进一步完善。①

三、项目组织变更

在完成项目验收工作后，原有的项目小组解散，但是依然需要成立后期的项目跟踪和服务小组。该小组负责对接外部供应商，负责了解和调查网络思政教育平台在使用过程中的问题，对教师和学生开展培训，直至学院能够顺利使用网络思政教育平台。

①蔡薇.高校网络思想政治教育平台构建与作用发挥研究[J].黑龙江教育学院学报，2019(2)：102-104.

第六章 新时代高校网络思政教育平台的管理

第一节 新时代高校网络思政教育平台的运营管理

一、以法规政策为根本的运行保证

要充分地管理网络思政教育平台，首先要做到依法，要抓紧制定立法规划，完善互联网信息内容管理、关键信息基础设施保护等法律法规，依法治理网络空间，维护公民合法权益。我国互联网立法工作虽然起步较晚，但总体立法进程紧跟互联网发展的步伐，已经出台了一批网络空间治理相关的法律法规，包括《中华人民共和国网络安全法》《中华人民共和国电子签名法》《全国人民代表大会常务委员会关于加强网络信息保护的决定》《全国人民代表大会常务委员会关于维护互联网安全的决定》《互联网信息服务管理办法》《教育网站和网校暂行管理办法》《网络出版服务管理规定》《非经营性互联网信息服务备案管理办法》《互联网著作权行政保护办法》《信息网络传播权保护条例》《计算机软件保护条例》《中华人民共和国电信条例》《计算机信息网络国际联网安全保护管理办法》等，内容包括了网络治理、信息安全、信息传播、网络基础管理等多个方面。特别自2014年中共中央网络安全和信息化委员会办公室（国家互联网信息办公室）成立以来，涉及网络安全、网络治理等方面的法律法规、规章制度明显增加，治理范围更广、要求更明确、程序更规范，更加符合当前网络发展的趋势和节奏。例如，针对当前网络热点应用，分别出台了若干的法律法规，整个网络环境更加规范有序。同时，网络治理的执行力度也明显增强，响应速度明显提高，特别是对支付宝、微博、微信、今日头条、百度等一批影响力巨大的网络应用及网络公司的违规行为分别进行了约谈、限期整改和行政处罚，彰显了国家治理互联网的决心。[①]

与发达国家相比，我国在网络治理的法律法规和政策引导等方面还存在较大的差距。

第一，尚未形成较为完善的网络治理法律法规体系。当前，网络和社会已经完全融合在一起，人们生产生活的各个方面都和网络有着千丝万缕的联系。我们在网络安全、网络信息安全、网络信息传播、网络管理、网络应用服务、网络从业人员、网络服务供应商等方面的法律法规都还很缺乏，特别是在网络和社会生活联系的部分，更是需要加强提升。我国的网络发展速度很快，社会网络化速度更是日新月异，所以更需要加强网络立法工作，保证网络社会依法、有序、健康地发展。

第二，网络空间执法力量还需加强。对网络的依法治理，即做到有法可依、有法必依、执法必严、违法必究。目前，我国的网络执法还存在较大的不足。首先，网络空间浩如烟海，很难及时发现网络空间中的违法行为，即便发现了，因为网络中匿名的特点，对违法行为的查处成本也很高。其次，真实社会中可能存在的违法行为，网络空间中基本都会存在，但网络空间中的违法行为和真实社会中的违法行为又不能完全划等号，而且网络空间中还会凭空出现很多在现实生活中不可能出现的违法行为，这给违法行为的认定带来极大的困难。最后，网络治理涉及范围广、影响面大，与安全、金融、传播、娱乐、消费等方面都有联系，与现实生活中政府各部门都有交集，还需要进一步补充力量，完善工作机制，加强执法力度。

二、统分结合的分级组织管理体系

自2014年开始，从中央到地方，均成立了网络安全和信息化领导小组。领导小组下设办公室，负责网络安全和信息化方面的具体工作。

在教育领域，2011年，教育部成立了教育部信息化领导小组，由时任教育部部长的袁贵仁担任组长，负责教育信息化的推进工作。小组下设

①李晓晓.探讨高校网络思想政治教育平台构建与作用发挥[J].魅力中国，2019(48)：313-314.

教育信息化推进办公室，作为具体的办事机构。2016年，为对中央关于网络信息化与相关安全工作的战略部署进行充分贯彻和落实，在新时期深入地实现教育领域的信息化与安全工作，网络安全和信息化领导小组由教育部特别成立，它肩负着一定的职责。

教育信息化可以在高校的网络思政教育平台上得到充分的体现。从2015年开始，“易班”推广行动计划连续三年纳入教育部《教育信息化工作要点》，每年均提出了明确的要求和任务，并落实考核。每年，国家网信办和教育部还通过专题会议、调研指导、任务考核等多种方式，多管齐下推动“易班”建设推广工作。

通过构建国家—省级—高校三级的网络思政教育平台管理机构，保证了最大限度的资源整合，实现了人、财、物的互通共享，杜绝了各自为政的情况出现，实现了“集中力量办大事”的初衷。高校的网络思政教育平台可以通过各个层次的管理层为其提供具有不同特色的资源，尽可能杜绝资源的浪费现象，并避免重复性建设。通过高校网络思政教育平台的统一管理，在技术标准、用户界面、资源使用、开放接口等方面实现了标准化和规范化，更利于高校网络思政教育平台的维护和升级工作，减少了后续的建设管理成本。

同时，三级管理机构通过承担不同的职责，起到了相互配合、共同推进的作用。在国家层面，主要是提供政策支持、全国范围内的教育资源整合，以及教育行业和其他行业的资源深度融合，同时对各省级管理机构进行指导和考核。在省级管理层面，主要是为各高校的建设推广提供必要而具体的指导和帮助，并相应地投入一定的资源予以辅助，各地高校由于自身情况的特异性，在网络思政教育平台的建设中可以采取因地制宜的建设理念，促进其本地化、特色化。同时，在省内开展平台建设的监督机制、考核工作，管理人员、开发人员、维护人员及用户的培训工作，对网络思政教育平台建设发展的意见收集和反馈工作，各高校管理机构要整合全校资源，努力推动教育信息化、管理信息化、服务信息化的工作。对高校网络思政教育平台在管理层面的强化，在一定程度上也是对平台发挥作用的正向强化。

三、以技术优势确保平台有效运行

先进的网络技术对高校网络思政教育平台具有重要的意义，值得高校重点关注。高校网络思政教育平台的先进性，集中体现在对先进网络技术的部署和应用；网络技术的先进性，则体现在高校网络思政教育平台开发、运营、管理的各个环节。越是重要的网络应用，越要保证服务的安全性、稳定性和可靠性，因此，在网络思政教育平台的管理中，也需要加强技术开发和部署。要通过先进的技术手段保证高校网络思政教育平台的安全性，主要体现在以下几个方面。

第一，平台的系统安全性，即平台的硬件、软件系统不会受到外界的影响和干扰，比如硬件故障、软件故障、系统崩溃等情况。这就需要提前部署好相关的监控技术，保证各种故障能够提前预警、提前处置，保证足够的冗余备份，即使出现故障也不会影响平台的正常运转。另外，保证系统安全性还需要保证网络思政教育平台不被入侵和破坏，要提高平台设计的坚固性，同时部署好相关的网络安全系统、入侵检测系统、防火墙等。

第二，平台的信息安全性，即网络思政教育平台信息可管可控，信息不泄露。当前的网络治理现状中具有较大困难的是信息的安全保障，这也是网络思政教育平台在管理时需要着重加强的地方。一方面要防止网络信息一管就死、一放就乱，另一方面又要做到及时、依法对信息进行分级、分类、分层处理，加强高校网络思政教育平台的网络信息安全管理。对网络思政教育平台的关键应用、关键数据要加强保护，设置恰当的防护措施，从技术上避免被攻击、被泄露的可能性。对网络信息要通过大数据技术，如关键字段检测、黑名单地址（用户）监控、异常信息警示等手段，强化平台信息安全的防护措施。建立并完善高校网络思政教育平台的分级管理、分类授权的控制体制和机制。对涉及高校网络思政教育平台比较核心的管理功能实行严格的授权管理制度，按照不同的管理权限、管理内容和管理要求，制定相应的管理机制和管理办法，以减少管理误操作和因管理权限带来的安全性风险。比如，对一般性的内容操作，可以放宽权限，并在平台中进行记录和跟踪，保证可恢复、可溯源；对重要的平台管理操作，可以设置指定渠道、指定地址、指定时间等方式，强化对管理操作过程的监管。

加强人和技术的协作，强化网络思政教育平台的管理。管理的目的是更加高效地为用户提供服务，同时也能够为网络思政教育平台管理者带来便利。而管理的安全性和管理的便利性是相互矛盾的，高校网络思政教育平台管理人员越多，则网络思政教育平台的安全风险就越大，出现安全问题的概率就越高；网络思政教育平台的安全措施越复杂、安全防护门槛越高，则必然会提高管理的要求和门槛，导致网络思政教育平台管理的便利性、及时性降低。因此，要很好地协调技术和人的关系，既要满足安全性的要求，又要最大可能地让网络思政教育平台便于管理、高效维护。

通过加强技术开发，完善用户和网络思政教育平台的沟通交流体系，让每个用户的意见和建议能够迅速得到回应，切实实现网络思政教育平台"以用户为本"的基本要求。在保障信息安全的前提下，通过部署相关的技术手段，收集用户的使用习惯、使用需求，并将用户的使用导向传递到网络思政教育平台的开展、管理全过程。通过先进技术的部署，在确保安全的前提下，最大限度地为网络思政教育平台管理带来便利。网络思政教育平台的维护管理，还需要各方的共同参与，齐抓共管。一方面，通过用户的广泛参与，增强用户和网络思政教育平台之间的互动，把满足用户需求融入网络思政教育平台的日常管理工作中；另一方面，把网络思政教育工作融入高校网络思政教育平台的日常中，让全体用户一起规范高校网络思政教育平台的运营和管理，共同净化网络空间。

第二节　新时代高校网络思政教育平台的保障措施

一、大学生网络思政教育平台的保障机制构成

（一）人员保障

在大学生网络思政教育平台保障机制中，人员保障是其核心内容。高校网络思想政治教育工作需要高素质人才的支持，校领导组织带领广

大教师积极充分发挥引导性作用，不断提高综合素养，保持思想先进性。高校逐步完善岗位责任制，对于人员的选拔与晋升要做到公开透明，大力推行高校自主化建设，加强改革用人机制，及时听取教师意见，鼓励创新，在实际工作中充分发挥教职人员的主观能动性。[①]

（二）设施保障

完善的教学设施是高校硬件实力的体现，其有助于顺利开展教学计划，满足师生的教学需求，按时完成大学生网络思政教育目标。在高校中，硬件设施的建设不能放松，要努力向世界一流院校标准靠拢，以现代化的硬件设施促进大学生网络思政教育现代化，树立院校的品牌形象，产生良好的口碑效应，使高校真正成为培养高素质人才的沃土，为学生提高学习能力、研究能力、实践能力提供必备的设施条件，充分发挥创新才能，推进我国教育改革。

（三）资金保障

高校的决策在一定意义上受资金保障的影响，因此，必须制订合理的收入支出计划，坚持在收支平衡的基础上实现高校思想政治教育平台建设工作的长远发展。高校财务制度实现透明化管理，避免发生挪用教育资金的现象，应根据教育需求对教育资金进行合理分配，执行严格的审批报备流程，从最节约的角度利用教育资金提升高校的综合实力，改善教学条件，提高教师福利。教育工作者只有真正意识到资金保障对建设大学生网络思政教育平台的重要意义，才能真正将其合理利用，为建设大学生网络思政教育平台机制构建以及进一步发展提供坚实的基础。

（四）制度保障

制度既可以约束人的行动，也可以提高工作效率，使大学生网络思政教育平台建设工作有法可依，减少实践中的困惑，坚定师生的社会主义信念。高校应从我国政府出台的相关法律法规出发，制定符合大学生实际情况的各项规章制度，对教师进行规范化管理，对学生的网络行为进行有效约束，构建文明和谐的校园文化环境，加强校风校纪建设，通过

①刘文渊.高校网络思想政治教育平台影响力提升路径分析[J].大学，2021(9)：64-66.

课堂教学和日常生活培养学生高尚的思想道德品质，保障社会主义物质文明与精神文明协调发展。

（五）高新技术保障

科学技术是我国社会主义现代化建设的必要保障，也是高校思想政治教育工作现代化的前提。高校的人才资源非常丰富，有着大量的可供研究高新技术的硬件设施，因此必须加大研究力度，努力维护网络安全。教师应将自身的表率作用充分发挥出来，不断提高自己利用网络技术实现教学创新的能力，鼓励学生使用网络实现信息共享，致力于高新技术研究工作，为大学生网络思政教育机制创新提供保障。全体教育工作者都必须意识到科学技术代表着第一生产力，坚持技术创新，充分结合社会主义先进理念与高新技术，只有这样，才能保证大学生网络思政教育平台建设朝着正确的方向发展。

（六）思想理念保障

符合时代发展的思想理念对大学生网络思政教育平台建设实践具有巨大的指导意义。高校要加强公民道德建设，对网络产生的新思想去粗取精、去伪存真，不断根据大学生网络思政教育实践环节中的新情况来出台新的指导思想。提高学生的法律意识，推进社会主义法制建设，以国家的法律法规和社会主义思想道德为依据，丰富大学生网络思政教育理念。

二、优化队伍，为大学生网络思政教育提供可靠的队伍保障

（一）坚持科学的指导思想，坚定队伍建设的正确方向

大学生网络思政教育队伍承担着宣传马克思主义理论和党的路线及方针政策、传播社会主义意识形态和精神文明、用马克思主义中国化的最新理论成果武装大学生、用优秀文化培育大学生等方面的主要任务。这就要求队伍中的人员必须具有正确且坚定的政治方向和理想信念，只有这样，他们才能在政治上指导和引导学生，才能培育大学生坚定的政治信仰和爱国主义情怀，才能指引大学生健康成长。

大学生网络思政教育队伍必须具备坚定的政治信仰。主要是指坚定地站在无产阶级政党的立场上，维护党的利益、人民的利益，拥护党的路线和方针政策，为党的事业而奋斗，并在大是大非问题上站稳脚跟，与违反党的原则的思想行为做斗争。

大学生网络思政教育队伍必须具备坚定的理想信念。理想信念体现了一个人的政治立场和世界观，是支撑一个人精神世界发展的重要动力源泉，激励着一个人不断努力追求自己人生中的奋斗目标。坚定的理想信念，是指以坚定的共产主义信念、社会主义信念为人生目标，以中国特色社会主义共同理想作为奋斗方向。只有信念坚定，才能明确前进的方向，产生战胜各种困难和挫折的强大精神动力，才能自觉地把共产主义远大理想和有中国特色的社会主义共同理想同现阶段的任务很好地结合起来，积极投身教育事业，以高度的事业心、坚定的信心、高度的责任感和顽强的毅力做好工作。

大学生网络思政教育队伍必须具备较强的政治敏锐性和较高的政治水平。教育工作者要具备较强的政治素质，必须具有较强的政治鉴别力和政治敏锐性，在复杂多变的社会环境中，从政治的高度分析问题，保持坚定的政治信仰和政治方向，保持政治上的清醒，在重大问题上不动摇、不犯错误，立场坚定地维护党的路线和方针政策。此外，还要时刻关注国内外重大新闻，追踪时政热点，捕捉敏感话题，紧跟时代发展，善于用科学的理论思想来解析大学生关注的焦点、热点和难点问题，诠释当前的政治、经济、军事、文化形势，做好党和国家路线、方针、政策的宣传者和维护者。

（二）完善选拔和任用机制，提升网络思政教育队伍素质

大学生网络思政教育队伍的选任机制是指通过一定的方式，发现和挑选优秀人才，择优任用的机制。选拔和任用的相关制度按照一定的原则、规则进行。完善大学生网络思政教育队伍的选拔和任用机制，是推进网络思政教育队伍优化组合、优胜劣汰、提升素质的关键。具体做法主要体现在以下几个方面。

1. 确立网络思政教育队伍的选拔标准

选任政治教育队伍必须认真贯彻“四化”方针和德才兼备标准，亦即思想政治素质标准和文化知识水平标准。此外，还要明确学历、职称等标准。

2. 完善网络思政教育队伍的选拔程序

完善网络思政教育队伍的选拔程序，就是要坚持公开、平等、竞争、择优的原则，将民主推荐和民主测评环节与笔试、面试相结合，防止选任的随意性。在公开选拔、竞争上岗过程中引入人力资源管理专家，建立高水平的考官队伍，分门别类、科学合理地确定拟选拔职务的报名资格、选拔程序、笔试和面试内容、测评方法。要特别注重考察专职思想政治理论课教师的思想政治素质和职业责任感，宁缺毋滥。

3. 完善选任的方式、方法

公开选拔的方式、方法对提升思想政治教育队伍选任的科学性和效率具有重要作用。公开选任的方式、方法多种多样，如考任制、聘任制、选任制、“三荐两考”等。现在专职的思政课教师和辅导员一般都从高校硕士、博士毕业生中直接选拔，其实有些社会工作人员具有丰富的思想政治理论和实际工作经验，能够更好地胜任大学生的网络思政教育工作，也应该被吸收到思想政治教育队伍当中来。

（三）坚持专兼结合，促进队伍建设的专业化和职业化

专兼结合的大学生思想政治教育队伍基本结构，是我国大学生思想政治教育队伍建设的优良传统。大学生网络思政教育队伍应由精干的专职人员和兼职人员组成，并以专职人员为主、兼职人员为辅，构建合理的专兼队伍结构。正是由于党和政府坚持专兼结合的原则，才使得大学生网络思政教育队伍不断发展壮大，结构不断优化，也才使得全员育人、全过程育人、全方位育人的工作思路在实际工作中得到贯彻落实。

在专兼结合的大学生网络思政教育队伍基本结构中，专职思想政治教育工作者是骨干力量。要实现网络思政教育平台建设工作的专业化、科学化，必须以专职人员为骨干，并通过专业化和职业化建设，培养和造就一批思想政治教育专家。

（四）建立健全考核机制，重视对网络思政教育队伍的考核

考核是高校思想政治工作队伍管理的一项重要内容。各高等学校要进一步建立健全和完善学生网络思想政治工作人员的管理考核制度，加强对学生网络思想政治工作人员的日常管理，严格考核。主要包括以下几个方面的考核：一是素质考核与业绩考核。既全面考核网络思想政治教育工作者在工作实践中表现出来的思想政治素质和业务素质，又着重考核其具体工作业绩。二是组织考核与群众评议。既按照一定的组织程序，又坚持群众路线，对网络思想政治教育工作者进行全面了解和评定，把组织考核和群众评议结合起来，以保证考核的客观公正。三是年终考核与平时考核相结合。对网络思想政治教育工作者的素质修养和工作状况，既进行一年一度的集中考核，又结合平时工作开展经常性的检查督促，使考核工作制度化和常规化。

（五）加强师德建设，增强教师的责任感和使命感

加强教师的网络思政教育工作和职业道德教育，要认真研究新时期的工作规律、特点和方法，根据不同情况，结合教师的思想实际和教育科研工作来进行，要有针对性、实效性和生动性。避免形式主义，采取灵活多样的教育方式，特别是对中青年骨干教师应有更高的要求。把思想工作与解决教师的实际问题结合起来，既要提倡敬业奉献，又要解决教师的后顾之忧，同时要建立必要的规章制度并狠抓落实。在教师中深入开展教书育人活动，对青年教师要进行岗前培训，对骨干教师要掌握他们的思想脉搏，广泛听取他们的意见，做好他们的教学和生活保障工作，为教师创造良好的工作、生活环境，从大处着眼、小处做起，减少离心力、增强凝聚力，使教师能集中精力于教学科研工作。

第三节　新时代高校网络思政教育平台的成效评估

一、对平台运行机制的反馈

第一，用户对高校网络思政教育平台的反馈，可以及时地通过高校网络思政教育平台的客户服务进行传递，并迅速得到处理和反馈。高校网络思政教育平台的运营管理过程，实质上也是及时对用户意见和建议进行处置和反馈的过程。高校网络思政教育平台管理者（教育者）和用户的直接互动、沟通，也是高校网络思政教育平台育人作用发挥的又一重要途径。①

第二，通过对高校网络思政教育平台运行状态的监控，平台能够动态地、系统地进行调整并对用户进行反馈。高校网络思政教育平台的所有网络互动，都会引发用户的评价与反馈。用户满意度高的网络互动，就会直观地表现为高校网络思政教育平台的相关网络指标的增长和提高；用户不满意的网络互动，就会带来高校网络思政教育平台相关网络指标的减少和降低。

高校网络思政教育平台的运营过程，就是其运行过程中的动态反馈过程。高校网络思政教育平台在运营管理中，要及时地、动态地对用户的评价进行反馈，加强用户满意度高的部分，取缔用户满意度低的部分，从而将得到的评价，在平台的运营管理的整个过程进行科学合理的融合。因此，对平台的评价反馈，也是深入研究平台运行机制的重要内容。

二、对平台开发建设的反馈

评价中涉及产品特点的部分，如功能的调整、技术的部署等，则需要在高校网络思政教育平台的开发建设中进行反馈。

一方面，重要的、带有基础性和全局性的功能和技术的调整和升级，必须纳入新的高校网络思政教育平台的开发建设计划中，通过平台的版

①葛小杰，赵冬鸣，郭晶晶，等.高校网络思想政治教育平台构建与作用发挥研究[J].文渊（中学版），2022(1)：61-63.

本更新来完成对用户评价的反馈。另一方面,区域性、时效性的功能和技术的调整,则可以用两种方式来完成:一种是通过和类似的其他网络应用的互联互通来实现;另一种是通过本地化的二次开发来实现。与其他网络应用互联互通,能够以很低的成本迅速解决功能上的缺口,也有助于扩大高校网络思政教育平台的影响力,是相对快捷、简单的解决方案。本地化的二次开发,则需要具有一定的本地化开发能力,能够相对持久地、更加完整地满足评价反馈的要求。

评价反馈是高校网络思政教育平台评价机制最后但极其重要的环节。完成评价反馈,就形成了高校网络思政教育平台开发建设、运营管理、评价反馈的完整环节。在当前的技术条件下,大数据技术能够大大缩短网络产品的评价和反馈周期,更好地将产品评价和产品反馈机制深度融入产品的整个生命周期中。

第七章 新时代高校网络思政教育平台的内容更新

第一节 新时代高校网络思政教育平台的内容创作主体

每一个人都无可争辩地有权全面发展自己的才能。当代大学生作为祖国未来发展的希望，在网络时代背景下，增强网络学习运用能力、创新能力是促进大学生全面发展。

一、突出高校大学生的主体地位

随着互联网的不断发展，实现了经济全球化的同时，我国的社会主义市场经济体制也在不断完善和发展，对人才数量的要求不变的条件下，能力的要求越来越高，随之竞争压力也变得越来越大。大学生是社会市场需求的主要人才，高校教育者与大学生都要面对现实，顺应时代的发展趋势，运用网络渠道加强大学生的思想政治教育。以网络为依托的教育形式体现了教育的平等化，拉近了教育主客体之间的距离，让他们在虚拟世界平等地互动、沟通、反馈。这既能促进大学生主体意识的觉醒与创建，增强独立思考与解决问题的能力，也有利于培育大学生适应社会发展的创造能力与自主能力，为国家输送适应社会发展的优秀人才。[①]

二、增强大学生自主学习的能力

高校为社会主义现代化建设培养了大批高级专门人才，同时也对大学生的学习能力提出了更高的要求，除了参与课堂教学、实践活动和参加讲座以外，更多地是开发大学生自主学习的能力，让同学们能够自觉

①刘海燕．新时代高职学生职业价值观发展特征及教育对策研究[D].大连：大连理工大学，2021.

主动地投入知识的海洋，增强学习实效性。而思想政治教育学科是各大高校的必修学科，每名合格的大学生都应掌握一定的思想理论知识，以提升自身的思想素质。

以往的实践教学中，由于学科知识存在一定难度，内容也较多，往往都是教育者在讲台上一味地寻求知识架构的全面性，师生互动相对较少，以留作业的形式验收讲授效果，学生普遍以应付差事的心态完成任务，教育者会根据部分同学学习实际情况加以督促，久而久之必定会引起学生的反感，学生还没有真正体会到这门知识的奥妙和精髓，就已经丧失了学习的兴趣，一定程度上消减了他们获取知识的积极性和自觉能动性。而现代网络技术的加入，网络以其传播范围广、信息量大、发布及时等优势，为高校的思想政治工作增添了一抹亮色，学生不再是知识的被动接受者，这契合了当代大学生的学习诉求。网络上各种生动活泼的思想信息内容都是思想政治教育的宝贵资源，极大地激发了大学生的学习兴趣，开发他们的学习潜力，使大学生积极主动地投入到学习中来，不仅提高了自身的思想理论知识，也为专业知识的学习奠定了积极健康的思想基础，促进大学生的全面发展。

三、尊重大学生的个性发展，激发创造能力

我国的教育改革要求对教育客体的培养按照“以人为本”的发展方式。“以人为本”就是要以尊重每个学生的个性为前提，高校要有计划、有针对性地使每一个大学生展现自己的想法、兴趣、需要。大学生需要更多展现自己的机会与平台，高校很难满足所有学生的需要，而网络可以为大学生提供展示自我、发挥特长、相互交流的平台。网络世界追求的就是风格迥异、张扬个性的生活方式，在这个虚拟空间里，大学生可以通过自己擅长或感兴趣的各种形式发挥自身的优势，通过自行发布或者积极参与网络实践活动充分展现自我、自由发展。这有助于激发大学生的创造能力，开发他们的内在潜能，实现全面发展。[①]

实现学生全面、自由的发展是马克思关于人的发展学说的延伸，教

①张祥宇，蒲斯咏. 民办高校网络思想政治教育平台建设研究：以X学院为例[J]. 延安职业技术学院学报，2022(3)：22-26.

育大学生成为对社会有用和社会需要的人才，是教育的最终目的，也是思政教育服务社会的良好体现。中国特色社会主义需要广大学生青年在不断的实践中共同缔造，祖国的未来离不开新一代青年学生的创新和延续。高校网络思政教育平台的内容创作应该以促进大学生的全面以及充分的发展为基本目标，尊重大学生成长的规律和需要，帮助和支持大学生提高综合能力，开发大学生成长过程中的无限潜能，保护和培养大学生的创新精神。高校网络思政教育平台的内容和实施途径都应始终围绕大学生的成长成才这一目标，高校网络思政教育平台工作的开展要充分结合大学生这一特殊群体的特点，满足大学生学习、生活、个人发展等方面的需求，探索适应大学生自我实现和社会需要融会贯通的教育新模式。

我国所坚持的高等教育的根本目标是推动人的全面发展，培养时代新人，为社会现代化建设贡献力量。我国的未来发展要求我们不断地创新教育手段，培养出高素质的新时代人才，大学生思政教育是培养新时期人才不可或缺的部分。

第二节 新时代高校网络思政教育平台的内容创作规律

列宁指出：规律就是关系，本质的关系或本质之间的关系。高校网络思政教育的内容创作有其自身固有的规律，其规律就是思想政治教育平台的内容创作中诸要素之间的本质联系及其矛盾运动的必然趋势。规律具有客观性。思想政治教育的内容创作的规律同样是不以人的意志为转移的，不管人们是否意识到它，它都在起作用。规律是事物发展中本身所固有的、必然的、本质的、稳定的联系，决定着事物发展的必然趋向。规律具有客观性，人们不能随意创造和改变规律，只能发现、把握和利用规律。①

①徐彤．中国化马克思主义网络传播的历史演进及现实启示研究[D]．扬州：扬州大学，2022.

高校网络思政教育平台的内容创作规律就是指高校在进行网络思政教育的内容创作中各要素之间固有的、本质的、稳定的、必然的联系。高校网络思政教育平台的内容创作的规律所揭示的就是各要素之间矛盾运行及其发展的必然轨迹。具体表述为:教育者的教育活动一定要适合受教育者的思想品德状况的规律,简称为“适应超越规律”。它包括两个方面的内容:第一,高校网络思政教育平台的层次性要求要根据教育主体的个性心理发展特点和思想道德状况来决定,不同的教育主体应该采取因人而异的教育方式;第二,高校网络思政教育平台工作者与教育主体之间存在互动关系。具体理解高校网络思政教育平台的内容创作规律,至少应该包含以下几点。

一、思想政治教育对象的唯一性

思想政治教育的对象具有广泛性的特点,而大学生网络思政教育平台的内容创作规律只存在于对大学生进行思想政治教育的内容创作中。所谓思想政治的唯一性,就是网络思政教育客体的唯一,这是针对思想政治教育的广泛性而言。高校网络思政教育平台的特点决定了高校网络思政教育必须是“多对一”的关系,即教育内容、教育方法、教育者服务的对象只能是高校大学生群体。超出这一群体,或者超出这一群体的思想道德发展水平的教育都违背了教育对象的唯一性。

二、高校网络思政教育平台的内容创作规律是教育主体、教育客体、教育环体、教育介体之间的相互联系或相互关系

在实际的网络思政教育活动中,教育主体在教育介体中,借助教育环体对教育客体施加影响。其中,教育主体与教育客体通过间接的方式进行互动联系。因此在进行思想政治教育的内容创作中一定要善于利用教育介体和教育环体。

要想发挥高校思想政治教育的内容创作中教育主体、教育客体、教育环体、教育介体的作用,应该做到以下两点:一是要注重发挥教育主体和教育客体的主体性。在思想政治教育实践活动中,无论教育主体,还是教育客体,都是具有一定社会意识和行为活动能力的人,都具有主体

性，在思想政治教育的内容创作中，应该积极促成教育者与受教育者的双向互动。二是要积极发挥教育环体和教育介体的积极性，做到趋利避害。

三、高校网络思政教育平台的内容创作是内化与外化相统一的过程

关于内化与外化的含义，理论界已做出了精辟的阐释。外化就是把内化要求的“我要这么做”化为“我已经或者正在这么做”。内外化目标的实现不可能一蹴而就，要分阶段进行。

内化分为盲从、认同和信奉三个阶段；外化分为明确问题阶段、选择合适的行为方式和实践并养成习惯三个阶段。内化、外化的顺利实现，还需要一定的内外部条件。内化的实现途径主要是从注意教育者的影响和选择合适的教育方式这些实现内化的外围方面来探讨，外化的实现主要是在教育者的引导下，调动教育对象的主动性，组织各种形式的社会实践活动，进行强化行为训练。

高校网络思想政治教育的过程是一个完整的整体，一个完整的网络思政教育的内容创作包括内化与外化两个环节。在网络思政教育的内容创作中，内化和外化是辩证统一的。内化是前提，外化是目的，内化是外化的基础，外化是内化的归宿，没有外化，内化就会失去意义，没有内化，外化显得“捉襟见肘”。外化存在于内化中，教育客体思想政治素养的形成来源于自身外化来的社会实践；内化中也有外化，教育客体进行实践的依据来源于内化的思想政治素养。

四、注重部分与整体关系，整合各种因素形成合力，发挥系统作用的规律

高校网络思政教育平台的内容创作是一个整体，这个整体是由教育主体、教育客体、教育环体、教育介体等部分构成。这些部分之间相互协作，和谐相处，才有利于网络思政教育的内容创作的整体发挥。在网络思政教育的内容创作中应该积极发挥各方面的合力，调节各方面活动的积极性。

第三节 新时代高校网络思政教育平台的内容更新周期

本节以“易班”平台为例，详细介绍高校网络思政教育平台的内容更新周期。

一、在更新上

第一，更新频率要稳定。相对稳定的更新频率更有益于提升账号权重，也让粉丝能定时看到你的内容。如果时间精力允许，最好每天更新1条或多条，或者隔天更新，或是每周3条；最好不要一周更了七八条，第二周又一条都没有。

第二，发布时间要规律。根据各个平台的推荐机制，发布时间也很重要，在用户活跃期发布，更容易获得更好效果。不过因为各个行业领域用户群体有所差异，所以活跃时间也会有所差异。大学生的活跃时间都集中在中午（12—14点）和晚上（19—23点）。

二、在内容上

第一，搭建课程思政云平台，实现思政教育多样性和个性化。“易班”课程资源是建设网络思政内容的核心，该资源与学生第一课堂教学内容密切相关，契合学生学习刚性需求。在“易班”平台实现教育教学资源供给、课堂互动、课程全息记录、课后交流、教务管理等功能，助力形成思想政治理论课、部分专业教育课和综合素养课的课程思政“易班”模式。

第二，以课程思政为助力，打造品牌思政名师坊。思政名师坊是名师、模范、意见领袖、专业达人等在“易班”建立的优质平台。高校可以依托“易班”，凝聚一批教学名师和青年先锋参与到网络文化建设上来，围绕微课、微视频、微博文、微推送、微访谈，重点建设品牌工作坊，推动网络课程思政在兼具网络育人和课程育人优势的同时与其他育人模式结合，丰富育人手段，细化课程设计方向。

第三，凸显新媒体特色，建设品牌化主题教育矩阵。主题教育活动是思政内容建设和开展的重要依托，包括弘扬爱国主义精神以及培养公民道德的主题活动，符合社会主义核心价值观、契合师生需求的丰富网络文化产品、主题、校园生活，以及通过学生喜闻乐见的方式开展的各类网络育人活动等。这些思政主题活动和各类专项教育活动都是思政内容建设的重要抓手，可以通过以点带面的方式培育一批思想觉悟高、网络水平强、影响力大的“易班大V”和“易班网红”。[①]

第四，强化内容活力建设，营造良好的网络文化创作环境。网络在校园生态文化建设中是一把“双刃剑”，高校要积极营造校园优秀传统文化生态圈。紧紧围绕中华优秀传统文化，融入校史、校训、校友、校风、学风等校本文化要素，加强内容融合，以易班为平台鼓励师生积极开展网络文化作品创作。通过多层面的校内协同、专题培训、师生带教、团队互动等，增强网络文化作品的思想性和渗透力，让学生在面对具体事物、面对网络时能明辨是非、科学合法用网，进而引领校园新风尚。

第五，推进“智慧思政”建设，探寻学生成长轨迹。根据学生差异化的心理需求，提供各类在线心理咨询等贴心服务，这也是对心理学课堂教学的有力补充。结合电影、动漫、视频等形式满足师生生活和心理需求，发挥线上思政工作的重要作用，探索易班信息个性化、精准化供给，进一步提升易班服务学生、吸引学生、留住学生、引领学生的能力。

第六，加强易班数字化平台分析，研究网络传播趋势。在易班平台，利用人工智能技术，判断和分析网络文化传播的新特点，适时采用及时有效的网络舆情应对机制，对网络传播途径作出适度调整，及时有效地选择话语体系的角度和重点，善于“先声夺人”，通过早谋划、早预断、早发声、早造势增强话语的主动权。基于易班大数据开展研究，为高效管理、及时干预、有效引导等提供技术支持和参考依据，不断提升学生工作的智能化水平。

①黄瑞宇.新时代高校学生工作的创新研究与实践探索[M].北京：中国政法大学出版社，2020：60.

第四节 新时代高校网络思政教育平台的内容反馈回应

本节以短视频平台为例,介绍高校网络思政教育平台的内容反馈回应。

一、高校网络思政教育平台的内容反馈

(一)内容新意不足,缺乏吸引力

作为高校网络思政教育的新兴载体,短视频的主要优势之一在于内容传播直观、易懂、多样化,大学生通过短视频可以随时随地搜索和获取所需要的知识。如果说技术革新是短视频发展的引擎,那么内容就是短视频发展的核心竞争力,因为用户在观看短视频时更多是为了看内容,换言之,用户和用户、用户和账号、用户和平台之间的互动皆围绕内容而展开。部分高校短视频官方账号运营者在创作视频时,并未真正"读懂"大学生,或者照本宣科理论知识、平铺直叙科研情况,或者使用专业性较强的学术术语进行创作,视频内容新意不足,缺乏吸引力。另外,不同个体对不同信息的认知、接纳、反应等存在差异,这是短视频进行分众运营的前提,高校短视频官方账号的视频内容若说教意味浓厚,部分学生就容易对其不感兴趣。①

(二)形式单一固化

受思维和技术的限制,目前高校官方短视频很难跳脱出党建宣传、招生宣传、模范人物、校园日常等内容框架。另外,由于相关账号运营者在策划阶段并没有考虑短视频背后的内容价值、文化价值,也没有有效利用新媒体的优势,因此其所创作的短视频形式难免单一固化。

部分高校短视频在播放过程中会出现无关弹幕,在相关评论区也会有大学生留言:"内容和作品主题无关""看这个不如去看教材"。根据大众传播的注意力模式理论,若视频里出现无关弹幕,则说明视频本身的

①周理熙.新时代背景下高校网络思政教育短视频运营微探[J].传播与版权,2022(10):105-108.

内容并没有让用户保持视觉或听觉的注意力;若视频下方出现明确表示反感、无价值的评论,则说明该视频没有与观看用户形成有效互动,传播效果不佳。形式单一固化、用户分散的短视频账号,不但在影响力上无法与头部账号相比,还可能因有限的信息和不定时的更新,变成互联网环境中随时可以被替代的“散户”。

(三)用户黏性不足

因为智能算法的偏好推送机制,短视频平台用户接受的信息愈加同质化。如此,头部账号的用户黏性会保持、增强,而其他不用心经营的账号则失去用户信任。有研究显示,与用户形成深度互动的高校短视频官方账号并不多。在粉丝量100万以上的某高校抖音官方账号上搜索发现,其2022年发布的30余条短视频按点赞量高低排序,前三名的内容依次为假期学习提醒、新年拜年、新年晚会歌曲串烧。这些内容虽能够满足大学生解压放松、休闲娱乐的需求,但无法锻炼其深度思考的能力,自然也无法让其留下深刻印象。这说明粉丝量的多少和粉丝用户黏性的强弱并无直接关系。短视频不讲求主流内容的完整性而讲究碎片化信息合成,所以要做出优质的短视频作品,其内容必须有第一时间能吸引用户的亮点,与用户达成有效互动,增强用户黏性。

与抖音不同,B站的特色在于“一键三连”(B站用户通过长按点赞键可同时对作品完成点赞、投币、收藏,对UP主表示支持)和“弹幕”,B站的评论会直接以弹幕的形式出现在视频画面中。因此,若想为内容争取更大的曝光度,高校短视频官方账号运营者可以鼓励B站用户“一键三连”,或者将开放性短问题、用户感兴趣的话题作为视频封面,引导用户思考,进而发表弹幕。实际上,弹幕凭借较强的互动性和参与性已成为短视频传播的重要载体,但现在多数高校短视频官方账号基本没有深入研究过弹幕文化,而具有时序变化的弹幕背后蕴含着一条用户与内容之间情感沟通的隐形通道,可增强用户与视频主体的互动性。

(四)传播效果有限

基于美国学者埃弗雷特·罗杰斯的创新扩散理论,在互联网活动中,通过“去中心化”与“再中心化”的相互作用,人们不断接受新事物、新产品,并通过部分固定用户的再次传播行为裂变传播、扩散影响。从这种意义上来看,高校短视频传播也因"去中心化"与"再中心化"的交织作用变得复杂多样。因此,针对高校短视频官方账号的受众心理、受众行为等进行调查研究很有必要。对此,笔者根据"HUT学工在线"抖音账号传播内容,对湖南工业大学大一到研究生阶段的在校学生展开问卷调查。该调查主要针对两类人群,第一类是对已经关注"HUT学工在线"抖音账号的大学生做基本信息和账号使用心理、使用行为的调查,调查内容包括关注时间、关注时长、观看频率、兴趣取向;第二类是对还没关注该抖音账号的大学生做高校短视频账号和优质KOL(关键意见领袖)账号的受众参与度调查。

在调查结果中,关于关注时间,有29.48%的大学生关注了"HUT学工在线"抖音账号,其中关注半年以上的大学生有23.12%,这属于用户黏性较强的受众,能对传播效果产生直接影响,但还有45.66%的受调查大学生从未关注过该抖音账号。关于观看频率,有84.62%的大学生每天浏览该抖音账号少于15分钟,另有87.21%的受调查大学生每周浏览该抖音账号少于等于4次。关于兴趣取向,按照受调查大学生感兴趣的内容排序,分别为校园生活、官方消息、典型人物、热点事件、学习建议。另外,还未关注该抖音账号的受调查大学生中有43.57%表示在抖音平台上关注了"湖南工业大学""湖南工业大学团委"等官方短视频账号,也喜欢点赞、评论、转发校园优质KOL发布的短视频内容,并把这种传播行为视为一种社交性质的活动。同时,部分受调查大学生认为"HUT学工在线"抖音账号发布的内容"风格定位不准""没有吸引力""传播效果不足"。

根据传播效果理论,信息传播要经过一系列的复杂程序,在历经时间、议程设置、社会控制、文化变迁等因素影响后,传播效果有限。因此,如果高校现有短视频风格单一、内容乏味,不具备吸引力,则其他传播主体的优质作品就会抢占先机,占据流量关口,吸引大学生的注意。

二、高校网络思政教育平台的内容反馈回应

精品化建设是高校短视频官方账号运营的发展之道。因此,本书通

过研究短视频的生产传播机制,尝试提出高校网络思政教育短视频平台运营的精品化建设途径。

(一)正视现有不足,传播优质内容

当前,高校短视频官方账号所发布的部分短视频与时事政治热点和思政教育重点的匹配度、契合度不高,甚至无法聚焦热点,使故事类作品难以实现良好的传播,理论宣讲类作品更是少人问津。因此,高校短视频官方账号运营者应正视现有不足,致力于传播优质内容。

第一,坚持以事实为依据。以"清华大学"官方抖音账号发布的"清华大学2018级博士生江梦南入选感动中国2021年度人物"主题视频为例,该视频有源头可溯的人物信息、有因可循的事迹、有说服力的第一人称讲述,这些使得1分30秒的视频充满信服力。用户在评论区中纷纷留言"佩服""加油",视频点赞量达43万(截至2022年6月),成为该账号2022年上半年最受关注的短视频。

第二,尊重大学生在短视频平台的使用习惯。在网络中的大学生群体会认可彼此的身份,互动性强,适合信息快速传播。因此,高校短视频官方账号运营者应充分掌握大学生对视频内容的真实反馈和互动信息,在校园中实地取材,充分利用"内容+"的形式加强短视频内容创作。同时,在群体压力下,个体会自觉或不自觉地以某种群体规范或多数人的意见为准则,以此改变自己的态度和行为,而且大学生群体的自律性、自控力还不够强,世界观、人生观、价值观等还未完全成熟,容易被一些视频、弹幕、评论等影响自身思考和判断。因此,高校短视频官方账号运营者应在作品中融入思政教育内容,并传播优质内容,以真正获得大学生认同。

(二)细分受众,培养优质KOL

高校短视频官方账号经过一定时间的运营积累了一定规模的用户,与用户建立了紧密的联系,这种联系能成为"宣传利器",形成高校网络思政教育的重要"微"场域,从整体上对高校网络思政教育效果产生强大影响。那么高校短视频官方账号运营者如何加强账号与用户的紧密联系?细分受众,培养优质KOL是其有效的途径。

在营销领域，广告商需要根据消费者需求，从消费心理等多个维度确定一种或多种商品的目标消费人群。将该理论应用于短视频运营，细分受众同样离不开了解受众、分析受众。根据“HUT学工在线”抖音账号传播效果问卷调查结果，在校大学生乐于从自己学校的短视频官方账号里感受校园日常，提升社会认知，并知道一个或多个本校的KOL。而大部分校园KOL擅长扩大个人影响力、分享校园生活、传播校园文化。由此可见，培养优质校园KOL助力高校网络思政教育极具可行性。

在“去中心化”与“再中心化”两种传播特征的共同影响下，通过短视频大学生可能前一秒在“去中心化”的氛围中感受到多元、自由，下一秒则对拥有一定话语权的KOL产生信任和归属感。因此，高校短视频官方账号在发布内容之后，可引导校园KOL已有的核心用户作为第一批“种子”用户进行大范围传播，铺开传播信息链。例如，某高校官方抖音账号通过UGC（用户原创内容）机制开展运营，设立红色文化和科普教育两个运营专栏，邀请能够在大学生价值引领和榜样示范上更好发挥朋辈效应、在大学生群体中成长起来的校园KOL作为视频拍摄主角，视频内容以本校大学生群体的日常生活为主，通过多元化的表达方式、生动的叙事呈现，根据抖音的视频时长设计和匹配多种风格的背景音乐，组成集故事性和主题性于一体、循序渐进的思政教育视频集。这有助于增强大学生的代入感和沉浸感，进而完成价值观认同与塑造。

（三）加强互联网思维，开展精品互动活动

互联网思维指在（移动）互联网+、大数据、云计算等科技不断发展的背景下，对市场、用户、产品、企业价值链乃至对整个商业生态进行重新审视的思考方式。

2021年12月，国家发改委、市场监管总局、中央网信办、工业和信息化部、人力资源和社会保障部、农业农村部、商务部、人民银行、税务总局九部门发布《关于推动平台经济规范健康持续发展的若干意见》，其中指出，严厉打击平台企业超范围收集个人信息、超权限调用个人信息等违法行为，在严格保护算法等商业秘密的前提下，支持第三方机构开展算法评估，引导平台企业提升算法透明度与可解释性，促进算法公平。因

此，高校短视频官方账号运营者应加强互联网思维，发挥网络社群效应，在对短视频有共同爱好和需求的学生群体中开展精品互动活动。一方面，高校短视频官方抖音账号通过PGC（专业内容生产）机制进行运营，以学生为主体，以“模范典型人物”为对象，组织线上学习讨论、线下应援活动，按以下分类发布短视频：一是短纪录片；二是将影视素材和学生生活视频进行二次剪辑后组成的系列内容；三是链接“模范典型人物”经历和当代大学生生活的内容。另一方面，高校融媒体中心可以作为主办方，通过短视频官方账号组织开展以“传承红色基因、践行初心使命”为主题的大学生短视频比赛，以凸显经典红色理论的现实意义。

短视频发展给高校网络思政教育带来教育形态和方式的变革契机。高校应积极构建高校网络思政教育体系，组建一支业务能力强、政治素质高、敢于主动担当的高素质网络思政教育队伍，在短视频官方账号运营过程中整合优势资源，走精品化建设道路，应势而动、顺势而为，构建网络文化育人主阵地和网络思政教育新格局，奏响新时代育人主旋律。

第八章 主题网站与App平台的开发及其在高校网络思政教育中的运用

第一节 新时代高校思政教育主题网站与App平台的开发

一、高校思政教育主题网站开发

（一）高校思想政治教育主题网站建设的意义

近年来,各个高校纷纷建立起高校思想政治教育主题网站,作为拓展思想政治教育的新方式。主题网站是校园的一片净土,服务对象主要是高校的师生,是专门为高校师生打造的日常生活、工作学习、娱乐放松的一个平台。因此,面对网络中带来的种种隐患问题,利用主题网站这个交流平台进行思想政治教育是十分有意义的。

1. 有利于构建和谐校园网络

高校构建和谐校园网络不仅需要技术手段的支持,还需要不断提高全校师生的科学素养和思想道德素质。随着网络技术的飞速发展,校园网络已经成为高校师生最喜爱的文化生活方式之一,它极大地丰富了高校师生的精神文化生活,拓展了高校师生的视野,也提高了高校师生的素质,给构建和谐校园网络带来了新的契机。但不能够忽视高度开放的网络给高校师生带来的道德情感的冷漠化等负面影响。因此,高校要加强网络文化建设,通过建设思想政治教育主题网站,用马克思主义中国化的理论成果占领高校网络阵地,唱响网络思想教育的主旋律,提高师生抵御各种错误思潮的能力,倡导科学精神,使广大师生形成共同的理念和奋斗目标,成为推动校园网络和谐的动力。

2. 有利于促进大学生的全面发展

阿尔文·托夫勒在其《第三次浪潮》一书中说过:谁掌握了信息,控制了网络，谁就拥有整个世界。在大学生看来，网络开阔了他们的眼界，使他们接触到了更广阔的世界，然而，网络是一把双刃剑，虽然它满足了大学生的精神需求，但由于网上的不良信息、网络色情、网络暴力等问题屡禁不止，严重毒害了大学生的身心健康。近几年来甚至出现了大学生网络成瘾的情况，不仅荒废了学业，对其身体和心理都带来了严重影响。尤其在心理上，一些大学生沉迷于网络，从而忽视了现实的人际交往，甚至排斥现实人际交往。不只是网络对大学生带来心理压力，学业中和情感上的竞争、挫败等也会给大学生带来巨大的压力，心理问题已经成为了对大学生思想政治教育的重要方面。

网络具有匿名性、便捷性、互动性和开放性，这些特性使得大学生选择网络进行情感的宣泄和交流。主题网站是高校校园网站的主要平台，因此，建设心理教育专栏、宣传心理健康知识、提供网上心理咨询和测试，能有效地让大学生进行自我心理调节，帮助大学生的身心健康全面的发展。

3. 有利于打破时间空间限制，全面开展思想政治教育

高校思想政治教育主题网站与传统的思想政治教育的区别是，它将传统的思想政治教育搬上了网络，通过开设“两课”课堂、经典红色原著选读、政策方针宣传等栏目进行思想政治教育。传统的思想政治教育是固定好时间和地点，面对面地进行，比如“两课”教育、辅导员谈话和政治学习等，这种方式很容易受到时间和地点的限制，不能很好地发挥效果，甚至会造成学生的抵触和反感。思想政治教育通过主题网站这个平台，不仅打破了传统上对时间和地点的限制，同时其进行教育的形式也多种多样，从而使传统的、较为单一的思想政治教育转变为新模式、开放性、多样性的思想政治教育。①

同时，在传统的思政工作中，不同的思政工作者担任不同的职务，如心理咨询师负责大学生心理健康方面工作，辅导员负责管理学生的日常生活，“两课”教师负责课堂授业。虽然分开管理是不错的管理方式，但是在实际操作过程中，常常出现各自为政、互相配合较差的现象，造成思

①李倩. 大学生思想政治教育中人文关怀研究[D]. 兰州：兰州财经大学，2020.

想政治教育资源分散，实际教育效果差强人意的现象。高校主题网站则将这些资源彼此之间的空间打破，整合在一起，将各类思想政治教育工作者的工作结合在一起，集中资源和力量，有力地提高思想政治教育的实际效果。

4. 有利于坚持主流思想和正确的舆论导向

网络是信息传播的一个载体，它跨越了时间和空间，将整个地球连为一体。阿尔温·托夫勒说过：世界已经离开了暴力与金钱控制的时代，而未来世界政治魔方将控制在拥有信息强权的人手里，他们会使用手中掌握的网络控制权、信息发布权、利用英语这种强大的文化语言优势，达到暴力、金钱无法征服的目的。也就是说，如果马克思主义不去占领思想领域的阵地，非马克思主义和反马克思主义的东西就会去占领。因此，建设高校思想政治教育主题网站有利于通过传播马克思主义、毛泽东思想、邓小平理论、习近平新时代中国特色社会主义思想等主旋律来提高大学生抵制西方敌对势力意识形态的渗透和影响的能力。

（二）高校思想政治教育主题网站建设的定位

网站的定位是高校思想政治教育主题网站在建设中所面临的首要问题。正确的网站定位对主题网站的建设和发展具有重要的指导作用。

1. 国家政策要求

2000年，教育部下发了《关于加强高等学校思想政治教育进网络工作的若干意见》，指出：网络技术的发展和普及，拓宽了高校思想政治教育工作的新渠道和新手段，为加强和改进高校思想政治工作带来了机遇，同时也带来了一些新问题，如网上良莠混杂的信息，增加了人们特别是青年学生辨别真伪的难度。一些人在网上发表的不负责任的信息和议论易于产生某些思想混乱，敌对分子利用网络进行煽动，可能影响高校和社会的政治稳定。用正确、积极、健康的思想文化占领网络阵地，同时防止一些人利用网络传播错误的思想和信息，已经成为高校思想政治工作非常重要而又紧迫的课题。这是最初高校建立思想政治教育主题网站的主要原因和主要定位。

2004年，教育部共青团中央下发了《关于进一步加强高等学校校园网络管理工作的意见》，提出：专题网站要以马克思列宁主义、毛泽东思想、邓小平理论、基本路线、基本纲领和基本经验；坚持以理想信念教育为核心，深入进行树立正确世界观、人生观和价值观教育；以基本道德规范为基础，深入进行公民道德教育；以大学生全面发展为目标，全面推进素质教育。专题网站建设要贴近实际、贴近生活、贴近学生，适应大学生成长成才的需要。要坚持以人为本，在网上为大学生提供学习、生活、就业、心理咨询等服务，广泛开展丰富多彩、积极向上的学术、科技、艺术和娱乐活动。要加强网上互动交流，及时解决大学生关心的理论问题和实际问题，把解决思想问题和解决实际问题结合起来，寓教育于服务之中。这也是随着时代的发展，对高校主题网站的目标作出了更明确、更有针对性的表述，也明确了主题网站的方向、任务和主要内容。

2. 网站自身定位

在国家政策的要求下，主题网站建设的首要问题就是如何对自身进行定位。首先，要根据高校自身的实际情况对网站进行定位。科学的网站定位是建设网站的第一步，在调查分析的基础上确定自己网站的服务，对象和服务内容是网站建设和发展的前提。高校应分析自身的优势，制定符合自身发展的成熟、长远的网站建设策略，根据高校的特点和所在地域的特色，结合学校学生的需求，合理运用学校有效资源，建设有专业性和权威性，且符合自身校情的运作模式的主题网站。其次，保持鲜明的思想性。高校主题网站提高内容的思想性，其首要任务就是坚持正确的政治立场，有效引导大学生树立正确的“三观”，提高他们辨别是非的能力。再次，要突出网站的服务性，网站是为了大学生服务的，必须坚持以大学生为本，以大学生的需求为主。最后，要注重知识与娱乐相结合。主题网站必须坚持寓教于乐，将知识性与娱乐性结合在一起，激发大学生浏览网站的兴趣，以达到扩大主题网站影响力的目的。

（三）高校思想政治教育主题网站建设的原则

高校主题网站的建设是一项专业性、政治性、技术性要求均较高的工作，在建设过程中一定要遵循指导原则，把握好方向性、全面性、开放性、特色性、针对性和可持续性原则。

1. 方向性原则

方向性原则是高校主题网站建设的首要原则和灵魂,它决定主题网站建设的内容和性质。主题网站建设的方向性原则,是指主题网站在建设过程中,必须坚持社会主义的政治方向,必须以马克思主义理论为指导,坚持四项基本原则,将正确的政治方向放在首位,培养造就全面发展的社会主义事业建设者和接班人。

2. 全面性原则

所谓的全面性是指高校主题网站的内容要从思想、教育入手,兼具服务和娱乐,而不是只注重一个方面,忽视其他方面。随着互联网的发展逐渐成熟,人们的需求不断增加,新的技术及其应用不断拓展,使大学生的学习、生活和休闲方式发生着深刻的变化。高校主题网站要想吸引大学生的注意力,提高其在大学生中的影响力,就必须以大学生为本,从实际生活出发,采用贴近学生生活的方法和内容,以满足大学生的现实生活需求。主题网站的内容不仅要选取当前国内外重大事件以及大学生主要关注的热点问题,还要重视娱乐和交流方面的内容,努力打造寓教于乐的网站氛围,使身处其中的大学生自然而然地受到熏陶,思想随之改变或深化。高校主题网站的内容要面面俱到,既要包括对大学生学习有帮助的理论知识,也要有培养当代大学生政治敏感度的时政新闻和网络舆论热点问题,同时还要包含与大学生生活相关的日常贴士、就业信息、休闲娱乐等方面,使网站成为大学生最爱访问的网站之一。

3. 开放性原则

开放性是系统与周围环境及其他系统的有机联系,每一个系统不仅其内部诸要素之间互相联系、相互作用,而且和周围环境也处于相互联系、相互作用之中。一个系统如果要保持稳定性,就必须不断地和外界联系交换信息,一旦交换停止或达不到一定的阈值,系统结构就会瓦解。高校主题网站要想健康发展,就必须形成一个开放的系统。这就要求主题网站以博大的胸怀和开放的心态,全方位、多角度地获取信息,积极吸收、借鉴其他网站的精华,不断充实和完善主题网站的内容。

4. 特色性原则

特色性和大众化相对，是指与一般的大众化不同的东西，是基于大众的基础上增加独具特色的特质。高校主题网站的特色性是指不同地域、不同民族、不同专业、不同层次的学校，其主题网站不是千篇一律的，而是具有鲜明的学校特点的，具有独特性的网站。唯有有特色、有个性的高校主题网站才能有竞争力和影响力，个性平淡、缺乏特色的主题网站则没有生机，失去了活力。因此，高校主题网站建设必须遵循特色性原则，坚持从学校实际出发，体现和塑造主题网站的个性和特色，不能一个模式，相互照搬。

高校主题网站在建设中首先要认真研究本校的发展历史，继承和弘扬学校的文化传统，悠久的历史和优良的传统都是主题网站建设应当利用的十分有价值的资源。其次，要根据本校的学科定位和发展目标来设计和规划主题网站的建设，立足于本校的办学实际，打造出能够符合学校特色的主题网站。最后，还要将学校所处的地域文化融入主题网站的建设中，建设有地域特色的主题网站。

5. 针对性原则

高校主题网站的受众群体主要就是大学生，因此，在建设过程中，要针对大学生的心理特点，有针对性地选择网站内容。要特别注重大学生的思想独立和多元化特点，把思想政治教育同知识教育、理论教育有机结合起来，引导学生把对社会主义前途和建设问题的思考提高到理论和政治觉悟高度，并及时向他们提供可信度高的正反对照的信息，由他们自己去推断结论是什么。要重视对大学生自我判断、自我选择能力的教育，提高他们的动手能力、思维能力和鉴赏能力，引导他们解决在虚拟和现实中出现的心理问题，增强他们抵御网络上不良信息的能力，树立他们正确的人际交往观念等，通过这些有针对性的教育，使大学生能够全面健康成长。

6. 可持续性原则

高校主题网站的可持续性原则也就是要求高校主题网站在建设过程中，要保持网站可持续发展，使网站不至于成为“空站”。保持主题网站的可持续性,最重要的就在于网站的创新性,只有不断创新,才能使网站拥有强大的生命力。网络以先进的互联网技术为依托在飞速发展,这给我国主题网站的建设和管理在观念、方式和手段等方面带来了前所未有的挑战。高校主题网站应该利用本身具备的文化和科研优势,不断分析新形势下网络发展的动向和对大学生的影响,从而为建设符合大学生精神需求的高校主题网站提供重要的理论依据。任何事物都不是一成不变的,都是在逐渐发展的,高校主题网站不是一下就能达成目标的,是需要长期、持续发展下去的,因此,网站建设的硬件设施和网站建设的内容也需要不断进行升级和创新。高校主题网站的内容在方向性不变的情况下,应在形式上随着社会的需求和形势的发展而改变和创新,这样才能吸引喜爱接受新事物的大学生的注意力,提高主题网站的影响力。

(四)高校思想政治教育主题网站建设

网站建设是一项系统复杂的工程。网站的建设要与时俱进,不断创新,不仅要成为学生成长成才的导向标,更要发展为学校的资料库。要实现思想政治教育网站的作用,不能简单地把其定位为一个网络平台,要进一步优化网站的建设理念,加强网站的机制,丰富网站的内容,加强网站交互性,建设一支专业化的团队。具体来讲,应采取以下对策。

1. 优化网站的建设理念

正确的思想对实践具有积极的指导作用。加强思想政治教育网站的建设,首先就要明确思想,更新网站的建设理念。

(1)明确网站的建站意义

高校思想政治教育工作者要认识到建站的重要意义。第一,高校教育工作者要明确地认识到网站是实现思想政治教育创新性发展的必要途径。网络作为新时代传播和宣传社会主义核心价值观的重要媒介,不仅在我们的日常生活中扮演着重要的角色,在思想政治教育工作中也产生了重要的影响,我们要正确认识网络对我们生活的影响,它的及时性、脱域性等特点在信息化的社会中,越来越展现出强大的教育功能。我们只有顺应网络发展的潮流,更好地改进高校教学工作,宣传积极正面的思想,才能不断增强网站的活力。

第二,高校思想政治教育工作者要认识到建立网站是保证学生健康发展的主要方式。随着时代的发展,网络文化成为新兴文化,不断渗透进人们的日常生活中,不仅影响着学生的思维,也在一定程度上改变着他们的行为习惯,高校相关工作者要抓住网络发展契机,运用网络工作方法,将红色思想融入思想政治教育网站中,以学生健康全面发展为目标,打造融知识性和娱乐性于一体的思想政治教育网络平台,不断引导大学生的思想潮流,占领他们的思想阵地。

(2)强化网站宣传意识

高校思想政治教育工作者要强化网站宣传的意识。党中央国务院多次对网络宣传工作的重要性作了强调,目前,各高校工作者宣传意识薄弱,网络世界是一个开放的、实时的空间,信息会不断地被更新换代,在网络中学生的自主意识更鲜明、思维方式更新颖,乐于追求和尝试新鲜的事物,学校很难规定学生可以下载哪些软件、浏览哪些网站,学生在网络空间有自主选择权。如果思想政治教育网站不去宣传,就失去了与学生的沟通,很快就会消失在海量的网络平台中。

因此,我们要加强宣传的力度,让大学生知晓思想政治教育网站平台,这是提高高校思想政治教育网站覆盖面,增强影响力的重要前提。现有不少高校不善于推销自己的网络平台,甚至有学生表示从来没有听过思想政治教育网站。高校可以通过在网站上开展丰富多彩的活动,让更多的学生了解和参与,增强网站的知名度,比如在网站平台上展开网络知识竞赛、思想政治教育类征文、问卷调查等活动,将学生在校的基本规范融入思想政治教育网站中,还可以利用传统媒体,比如广播、横幅、海报等形式大力宣传本校的思想政治教育网站。还可以通过承办一些活动,比如邀请互联网的专家、有知名度的学者前来为学生做专题讲座,不断提升网站的教育功能,巩固地位。

2. 加强网站管理和运行机制建设

高校网络思政教育平台的建设是一项长期系统的工作,长效的机制建设是网站的根本保障,决定了其能否持续发展。网站的竞争不仅表现在内容和服务的竞争,更是机制的转换速度和运行速度的竞争。加强思想政治教育网站管理机制和运行机制建设主要包括以下几个方面。

(1)完善工作团队培训机制

设立合理有效的培训环节是管理网站的根本保障。当前,高校思想政治教育网站的工作团队在观念、技能和人员分工上都有待进一步提高,建立合理有效的培训机制可以帮助教育团队实现最优化,增强他们的网络知识和技能,有利于思想政治教育网站的顺利运行。应该对不同岗位的工作人员进行分组培训,思想政治教育网站工作人员应该各司其职,发挥各自优势推动网站的运行。网站的工作团队主要由以下部分人员组成:一是网站动态的管理人员,这部分可以由思政课教师、学生、相关党政干部等担任;二是网站内容管理人员,负责内容的更新和选择,这是网站运作的核心部分,这部分应该由具有较高理论素养和网络素养的教师担任。三是网站的技术管理人员,主要负责文字和图片的布局、编辑,这部分应该由专业的网络技术人员负责。这三部分人员各自的职责不同,要求具备的素养不同,应分别对其进行培训,使其明确自己的职责,熟悉各自的业务。

培训的内容应该包括以下几个方面,一是思想政治教育网站的工作原则和具体规范;二是外语水平的培训;三是网络技能的培训;四是网络化条件下教学手段的培训。因为培训的内容较多,所以在形式上可以坚持分散与集中的统一、长期和短期的统一,即将各级工作人员纳入思想政治教育网站的日常工作中,抓住一切实践机会,不断有意识地提高团队的技术素养。高校各级领导干部人员要坚持高标准培训,严格培训机制,坚持质与量的统一,不断提高网站工作团队的质量。

(2)建立合理的网站反馈机制

高校应该重视网站反馈机制的建立。网站反馈机制是思想政治教育网站保持活力的基础,前期我们在网站的建设上投入了大部分的人力和财力,如果后期不建立合理有效的反馈机制,教育团队就不能掌握学生的思想动态,那思想政治教育网站就会丧失方向性。

思想政治教育网站的相关部门应该制定具体可行的管理制度,加强监管力度,不断将反馈机制合理化、有效化。目前,各个高校网站平台的反馈信息大部分集中在留言板或者负责人邮箱中，但有的高校留言板设置的并不醒目，这样的反馈并没有实效性。我们可以通过设置在线问卷调查栏目并放在网站的首页位置，通过学生的反馈进一步加强网站的实效性，还得有专职人员统计每天留言的数量及问题，并及时回复。另外，要对问题进行汇总，统计出热点问题置顶，方便同学查询，并为网站的改进提供依据。目前，大多数学生并不是很乐于参加学校网站设置的反馈问卷，要使反馈机制充分发挥作用还要全力调动学生的积极性，设置一定的奖励办法，比如留言可以兑换积分等奖励，以此鼓励他们主动参与。在反馈机制成熟后，网站还应建立实名注册机制。在留言部分通过实名注册制可以有效杜绝很多不负责任的言论出现。

(3)建立合理的资金保障机制

资金保障是思想政治教育网站发展的必备条件。在建立网站初期阶段就需要大量资助，后期的管理和维护也需要持续的资金支持。例如，网站设备的投入、网站团队的工资津贴、资料的采集与编辑、举办活动等都需要一定的资金保障。

在高校思想政治教育网站的运行中，建立合理有效的资金保障制度很有必要。划拨经费后一定要追踪具体落实的情况，不能让资金制度流于表面形式，各级领导干部要积极重视资金的安排，合理规划资金的去向，同时也要避免资金的重复浪费，各高校应从本校实际出发，制定合理的资金保障制度，合理分配资源，以保证思想政治教育网站的运行和不断完善。

3. 优化网站的内容和形式

内容和形式是网站最直观的体现，要处理好二者之间的关系，使之平衡发展。高校思想政治教育网站要创新内容与形式建设，主要包括以下方面。

(1)改进和完善网站内容

第一，要注重网站内容的思想性。与其他性质的网站不同，思想政治教育网站在引导学生思想与行为上发挥着重要的作用，其主体内容必须与党和国家的思想保持一致，即使是一些为学生服务类的内容也要注意思想性,否则就背离了办站宗旨。

第二,网站内容要突出以学生为本的特点。在网络化时代,我们不能以传统的注入式方式来达到思想政治教育的目的。网络媒介要达到教育的效果,就要充分考虑学生的身心特点,尊重他们的认知方式。所以在信息内容的采集上,必须从学生实际需求出发,使他们能够便捷地从网站获取所需要的信息,得到他们需要的服务。比如,进入大学,一些低年级的学生刚离开家庭,在大学学习和生活中肯定会遇到不少的麻烦,所以在网站内容的设置上要多倾向于集体生活、个人生活、恋爱问题以及心理健康问题等。准毕业班的学生面临考研升学的压力、就业择业的困惑等,在内容设置上要多偏向于校园生活、考研资料提供以及考研就业心理辅导的文章,来帮助大学生解决困惑。总之,网站的内容要全面,充分满足学生的需求,要突出以学生为本的特点,注重内容的语言表达。高校思想政治教育网站的主要受众群体是大学生,网站内容的语言表达方式也要符合大学生心理特点。在新时代的网络条件下,要转变课本上严肃官方的语言体系,用网上流行的、积极健康的语言方式,呈现出与众不同的、大学生愿意浏览和讨论的内容。

第三,要把严谨的政治理论知识变成活泼的网络表现形式。高校思想政治教育的内容往往都具有高度理论性,利用网站进行思想政治教育就要充分体现网络的特点。要将这些枯燥的内容与电影、音乐、视频、动画的方式结合起来,积极生产“微”产品。例如,可以适当用微电影片段来加强学生对理论知识的记忆,满足网络时代下学生对多元化信息的需求。另外,大学生喜欢玩网游,在网络游戏中融入道德教育思想,实现寓教于乐也是值得探讨的一种手段。总之,要通过学生喜爱的方式呈现思想政治教育内容,让学生潜移默化地受到思想政治教育。

(2)突出网站栏目的多样性

高校思想政治教育网站栏目设置要注意多样性。栏目的多样性是思想政治教育网站内容丰富性的基础,当代大学生的思维多元,乐于追求新鲜的事物,在栏目设置上也要增加类别,满足他们多样化的需求。栏目的设置要结合互联网的特点和时代发展的要求,不仅要有学习辅导、个人生活的设置，还要结合网络的特点，利用网络的优势设置一些就业栏目、心理健康栏目、恋爱栏目等，这些问题都需要学校给予专业化的指导，还可以设置一些视频栏目，给学生开设专题讲座。总之，网站的栏目应该多样化、丰富化，符合学生的心理特点，丰富多彩的栏目是提高网站吸引力的途径之一。

(3)运用多媒体丰富网站形式

要充分发挥网站技术优势，以学生喜闻乐见的形式展现思想政治教育内容。古人云："诗文随世运，无日不趋新。"一方面，网站形式不能一成不变，要根据学生的需要不断发展变化，另一方面，光有多样的形式是不够的，还要有内容的支撑。首先，网页的设计理念应该创新，要充分体现网站的艺术特色，力求网站新颖、实用、美观，不但要注重网站的功能设计，更要凸显网站多样化的风格，突出时代的特性，既要有正面思想的引领，也要有多样的网络文化点缀，让浏览者眼前一亮。其次，可以利用网络特点引入生动活泼的小栏目，比如，天气预报、每日一笑等作为网站内容的点缀，如果网站里全部的内容都是每日新闻、时事政治，很容易让网站缺乏趣味性。这些小栏目可以增加网站的活力，提升网站的吸引力。最后，还要增加生动的视频资料等动态栏目。这些视频可以包括红色电影、教学视频、新闻直播等，学生对动态视频的兴趣要比文字、图画等静态资料大。要从数量和质量两个方面引入大量的视频资料来提升网站形式的活泼度，满足学生多样化的追求。

4. 增强网站的交互性

交互性在高校思想政治教育网站的建设中是必不可少的。重视师生之间的交流互动，是保障教学效果的前提。我们可以通过增加在线教育视频、留言功能以及网上网下联动答疑三条渠道，全方位地了解学生的思想动态，获取学生的意见，检验思想政治教育的效果。

(1)增加在线教育视频

高校思想政治教育网站应注重在线视频的开设。在线视频既可以使师生之间快速交流，也可以增加学生的参与感，教师可以充分利用互联网的优势丰富教学手段，丰富学生获取知识的途径，学生通过在线教育视频可以与教师进行一对一的交流,充分体现了个人化的特点。在线视频可以保存并回放,学生可以通过观看往期视频来温习知识,同时也节约了教育资源。另外,不仅要开发在线视频教学功能,还要保证其内容的方向性。传统理论学习的交流应该是正面的、直接的,而网络在线交流平台的建设,应该加以正确引导,强化正面讨论氛围,让思想在碰撞中产生火花。这个在线视频的内容可以将思想政治教育、在线学习和校园文化结合起来,将正面引导与启发教育结合起来,形式可以多样,但要保证内容,以突出思想政治教育的核心地位为主,突出网站的思想性和服务性相结合的特点,全方位地为大学生提供教育资源。

(2)增设留言交流功能

留言可以帮助教育者更好地掌握学生的需求,也有利于改进网络平台的缺陷,充分发挥思想政治教育网站的优势。大学生思维活跃、开放性意识较高,喜欢就某一问题发表自己的见解,因此,高校应该重视校园论坛、学生留言板等交互平台的运用。近年来,有不少学者提出思想政治教育网站建设中应该注重开发留言功能,教育者可以通过学生的留言掌握他们对网站的满意度以及他们的思想动态,留言功能是高校思想政治教育网站继续改进的风向标。高校可以通过开发微信等学生热衷的通信服务软件来拓展交流的空间,可以使用微信的小程序建立链接,让师生可以通过微信平台便捷地进入网站,利用微信留言板交流,不但可以实现消息的及时发出与回复,还可以进行视频沟通、远程协助、在线传输文件等。高校还可以通过建立微信公众号直接推送网站的内容,以扩大网站的影响力。

(3)网上网下联动答疑解惑

高校思想政治教育网站犹如一面镜子,可以反映出网上和网下两个不同方面。在网络信息化发达的今天,几乎所有网下的信息热点都会在网上呈现,网上出现的问题根源很有可能在网下,而且网络已经日渐成为人们生活的一部分,网上和网下没有明确的界限,在思想政治教育网站的建设中,教育者要处理好网上和网下的关系,而且要做到“上下合一”。

网上和网下联动，是增强网站功能、发挥思想政治教育实效性的重要手段。要遵循思想政治教育的规律，依据网络的特点寻求事半功倍的教育方法：一是在构建未来全程、全域、全过程的“大思政”育人格局中，必须建立课上课下、网上网下、校内校外的联动机制，实现“共建”和“共享”耦合。但在互联网时代，教育者往往容易过于关注网上教育，而忽视学生群体的真实感受，这样并不利于实现思想政治教育立德树人的根本任务。二是要架构起虚拟和现实之间的桥梁，如可以根据思想政治教育的内容，邀请知名教授，建立网站会员联谊会，并定期召开学术交流研讨会，线下鼓励教师不定期地进行思想追踪，切实了解掌握情况。

5. 打造特色网站

在互联网时代，人们追求个性化的趋势越来越明显，创新意识不断增强，在网站平台的建设中，也要实现内容的创新、服务的创新、技术的创新，全面打造特色网站。

(1)以校园文化打造特色网站

当前网站存在千篇一律、创新不足的现象，产生这一现象最重要原因之一是缺乏特色内容。尤其是在网页设计中，应立足本校具体情况，结合校园文化特色、学科特点等内容，建立独具特色的思想政治教育网站。如果网站内容雷同，师生自然不会对其产生浓厚的兴趣，而依托网站开展思想政治教育也就无法实施。因此，各个高校的思想政治教育网站要有特色。有的学校历史悠久，以校史为背景的网站形式更能引起学生的归属感，比如学校著名校友在网站中出现，可以激发学生学习的动力；有的学校以某个学科而著名，网站中就可以体现学科特色。与学生日常生活息息相关的校园文化有很多，我们还可以将课间趣事、宿舍风采、餐厅风貌结合起来，形成网站的特色栏目。一个拥有自身校园特色的网站可以引发学生的荣誉感、归属感，激发学生参与本校网站建设，增强大学生对网站的认可，这样才能更好地发挥思想政治教育网站的作用。

(2)以网页形象设计打造特色网站

高校思想政治教育网站的页面和界面设计要独具特色。思想政治教育网站作为教育的重要平台，不仅要有丰富的教育资源，还要通过美观的形象设计和精心的布局吸引浏览者的目光。

第一，网页的首页设计要美观。一是色彩和布局要协调。师生在浏览网页时首先映入眼帘的是网页的色彩，如果网页的整体色调是统一和谐的，那么就会给浏览者一个赏心悦目的感觉。在整个网站主色选择上，要注意与学校的建筑风格、专业特点相协调。正如英国著名心理学家格里高利认为的那样：颜色知觉是我们认识事物的基础，它是审美的核心，极大影响着我们对一切事物的看法和态度。网站需要突出的部分要用强烈反差的色彩进行对比，通过视觉的反差，引起人们的注意。

第二，网站要有简洁的版式设计。在设计上要从用户的角度出发，以操作简单、使用方便为主。比如，在进入网站的链接上，既有单独的网址可以进入网站，也可以从学校官方网站进入；栏目排列设置简洁化；在浏览网站内容时，看完可以直接选择下一条，避免频繁返回首页。在思想政治教育网站的整体设计中，还应该包括文本、图像、导航栏、超级链接、动画、声音和视频等基本要素，置于网站首页，合理安排布局。网站的版面并没有固定的样式，但是为了增加网站的浏览量，要加强文案和标题的视觉效果，合理布局。

（3）以创新的服务打造特色网站

在网站的建设过程中要注重运用计算机技术来创新服务功能，以更加新颖独特的面貌调动广大学生参与思想政治教育活动，通过服务吸引学生的眼球，在服务中实现思想政治教育。

第一，增设虚拟体验教育服务。随着VR的普及，这种沉浸式体验技术越来越受到欢迎，把这种新技术运用于教育中，可以让受教育者的感知沉浸于设置好的场景中，体验不一样的教育效果。这些场景是教育内容外化的呈现方式，更容易体现思想政治教育的亲和力，如井冈山爱国主义教育基地是很多师生都愿意去参观的，但是由于一些客观因素，如距离、时间等导致一些人员不能到场，利用VR技术可以让受教育对象身临其境，产生情感共鸣。

第二，在信息公告和校园活动等栏目的设置中，要把最新的涉及学生学习生活利益的消息及时发布出去，积极宣传校园文化活动，提供给学生关于学习生活的资讯，丰富学生的精神世界，为师生提供一个庞大的教学实践平台。通过这些实实在在的服务，让学生感受到真切的思想政治教育网站的服务功能。

第三，网站应该设立信访邮箱。对于学生的信件要及时回访，并积极联系有关部门落实到位。另外，还应该设置学生活动中心场地申请的栏目，满足学生日常活动的需要。

6. 加强网站工作队伍建设

做好相关的队伍建设工作是优化网站功能的重要举措。高校学生思维新奇，知识面广，但他们也十分需要教育者在重大事情上给予他们指导，由此可见，培养具有高素质的网站工作队伍十分必要。一个完善的网站工作队伍，不仅需要领导队伍、技术队伍，监督队伍也是网站保持活力的基础。

(1)加强网站领导队伍建设

领导队伍处于最核心的位置，负责网站的整体规划、指导等全局性的工作。面对一个庞大的、多样的大学生群体所表现出的不同需求，我们需要一支专业化的队伍来解决这些需要，因此要培养一批具有高素质的领军队伍。在专业化队伍的建设中，领导队伍具有导向性，是网站建设工作的总指挥，领导队伍直接影响着网站工作的效果。

目前，绝大多数的网站领导队伍分工不明确，职责不清晰，理论素养有待提升。因此，要加强网站领导队伍建设需要做到以下几点。一是要合理搭配领导队伍的人员组成。领导队伍要由学校党委主要领导负责，还要有技术管理专家、网络监督人员、网络中心等部门负责人配合，只有人员合理搭配才能保证学校领导队伍的合理性，要从理念、制度和运行方面都有全局性的规划，切实保证他们在高校网站建设中发挥核心作用。高校还应该合理分配负责网站运行各个部门的人员，将责任落实到具体人员，这样才能有效发挥领导队伍在思想政治教育网站建设中的带头作用。二是要严格选拔领导队伍的工作程序。领导队伍素质的高低直接关系到网站工作队伍的整体素质，这支队伍要有坚定的政治立场、先进的思想观念、灵敏的反应能力,可以在复杂的网络环境中辨别是非,明确思想政治教育网站的发展方向。

(2)加强网站技术队伍建设

先进的技术是网站建设的基础。每个学生的思想问题、就业问题、人生选择的问题等,都是不断跟随实际情况发展变化的,面对学生不断变化的心理特点,除了需要具备渊博知识的教育工作者外,教育队伍还要有一定的网络技术能力。在传统思想政治教育中,教师比较容易树立威信,得到学生的信赖,有利于教学工作的顺利展开,而在网站的运行中,教师的网络专业技能欠缺,面对飞速发展的网络技术往往不知所措,所以熟练的网络技术是现阶段教师工作者必备的教学技能。

目前,部分高校的网站技术队伍力量较为薄弱。具体表现在高校政工干部缺乏网络技能知识,网络的发展与教师网络技能不相匹配,高校对学生的网络技能教育相对落后,高校网络技术队伍专职人员较少等,这些问题都对高校开展网站建设工作提出了挑战。现阶段高校要注重培养一批高能力的网络技术队伍。一是在人员招聘上,可以适当增加计算机专业的人员数量。二是增加计算机选修课程,加强学生的网络技能。三是要实行精准的培训制度。对思想政治教育专业课教师展开技能训练,使他们能够及时处理网络突发事件,保障网站的持续运行。

(3)加强网站监督队伍建设

监督队伍是网站长期富有活力的保障。思想政治教育网站具有脱域性和及时性的特点,学生可以随时随地的在网上发表言论,这样教育者对学生的思想动态很难第一时间掌控,造成教育不及时等问题的出现。一方面,高校需要培养具备高素质的教师组成监督队伍,要注意在教师队伍中培养专业的网络把关人。他们要能够过滤不良信息,帮助学生正确看待网上舆论,并能及时疏导学生不良情绪。另一方面,要选拔高素质的学生队伍。他们可以协助教师做一些网站监督工作,由各学院思想觉悟较高的学生担任兼职网站监督员。学生队伍中要包括各年级、各专业的学生,也要分配好男女比例,通过他们的反馈及时对网站信息进行筛查,对学生出现不良的思想倾向尽早预防。除此之外,我们要呼吁所有热心的教师和学生加入监督队伍，全体师生共同为网站的发展建言献策。在高校思想政治教育网站建设中，监督团队的建立可以净化网站内容，规范网上言论，他们在网站的后续运行中扮演着重要的角色，是网站可持续发展的重要保障。

二、高校网络思政教育App平台的开发

高校一直都是意识形态的前沿阵地，不同的文化思潮汇聚于此，全国高校思想政治工作会议的召开确立了立德树人的教育理念。如何将思政教育贯穿到整个高校教育工作中去，实现全方位、多层次育人，是当前高校思政教育工作亟待解决的关键问题。

近年来，随着互联网的高速发展以及智能手机的快速普及，人们的日常生活、学习、工作发生了翻天覆地的变化。高校为顺应发展趋势，满足学生、教师的学习要求，也纷纷开发App，如何利用好校园App对学生进行思政教育，搭建教师与学生之间的桥梁，是高校当前要思考的问题。

（一）校园App的应用现状

校园App的主要使用功能是基于学生对学校生活的实际需求来提供服务，如学校的新闻动态、公告、社交和讲座信息等，有的还能提供成绩查询功能。这些功能帮助学生和教师更好地获得学校的实时信息，从而提升了校园信息化水平。目前，校园App虽然数量很多，但功能却高度重合。由于设计者缺乏合理的整合规划，使得数据和数据之间形成了“孤岛”，没有产生足够的关联，导致一些App没有价值。此外，学校主导设计的App功能有些落后和中规中矩，没有很好地适应年轻学生的需求，再加上后端资源的缺乏，导致App的应用推广比较困难。

（二）以校园App重构高校思政教育体系

1. 借助云服务理念，构建统一学生数据中心

构建学生统一数据中心，是高等院校信息化过程中的关键一步。当前，云服务正在被越来越多的人接受，如果能够在云端构建动态更新的学生数据中心，实现学生信息的全过程采集，就可以成为前端应用的数据基础。

2. 开发校园App应用推动思政教育建设

校园App是一款专门针对高校学生的移动互联网终端应用,相比专门的思想政治教育App,校园App更能满足学生的多样化需求。因此在设计校园App时,需要综合考虑学生的多样化需求,如思想理论、教务信息、校园资讯等,这要与思想政治教育本身的特性相结合。

思想理论:这个版块提供理论学习、党政要闻、先进典型等内容,同时可以实现优秀共青团员推优、党校考试、高校学习等线上功能。

校园资讯:这个版块筛选并整合了校内校外的信息,基于App实现对学生的快速定点传播。基于思想政治教育的需求,对时政新闻进行筛选和推送,传播正确的价值观。

教务教学:这个版块与学生动态数据系统相结合,给学生提供众多功能的互联网入口,如选课、考试、查成绩等。

学生事务:这个版块集合与学生相关的各个职能部门提供的服务,从而实现了更加简化的学生事务的线上查询、处理以及申请等功能。如此一来,校园行政系统的工作效率可以得到极大提升。

便捷服务:这个版块提供了多样化的集成式服务,如天气预报、快递、外卖、食堂、黄页等。

(三)基于校园App加强大学生思想政治教育的对策

校园App具有信息集中、使用便捷的优势,可以成为高校思想政治教育的新载体。但是,校园App的运营主体和实施主体都是高等院校本身,所以高等院校需要积极创新,深入探索基于校园App的思想政治教育常态化的方式,扶持团队逐渐完善和把控内容,保障技术,开发新的功能,保证平台能够长期为思想政治教育服务。

1. 明确精准的运营机制,确保资金支持和技术保障

校园App已经在很多高等院校得以推广,但各个学校的App运营团队往往只是一个部门或者是一个固定的社团,运营内容也比较固定,业务局限性很大。因此,高校需要针对运营设计一套管理办法,以校领导为主要负责人,设置管理机构,明确任务分工、运营方式以及监督机制,强化建设管理体系,保证思想政治教育开展的系统性、有效性和实用性。

现在的校园App基本上都是由第三方团队开发的，这意味着后续的更新和完善没有保障。App是需要持续完善和不断进化的，因此在运营机制之外，学校也要为App的后续开发提供资金保障，与第三方团队签订长期协议并及时进行沟通和改进，保证App流畅运行，确保用户体验，对相关功能进行完善和提升。除此之外，学校也可以要求第三方团队对运营人员进行专门的培训和指导，确保相关人员能够更好地使用和开发App的功能。

2. 组建完善的运营团队，促进校园App载体的常态化发展

基于校园App这个载体，对大学生的思想政治教育工作进行强化，确保最终的教育质量和效果。要达到这个目标，不能依赖于一个团队或一个部门。对高等院校而言，必须要从学校层面对各个部门和院系进行统一，形成合力，构建一个专门的运营团队，包括思想政治教师、学生管理人员、技术人员和学生团队。思想政治教师平时的工作主要是通过平台开展课堂之外的教学，负责推送平台内容和管理学习资源。学生管理人员需要基于平台，掌握学生的动态，及时沟通和了解学生的需求，并有针对性地开展主题教育活动，与学生开展点对点的谈话。技术人员负责查找校园App存在的问题并进行完善，保证其运营。学生团队可以为校园App提供用户体验，也能补充教师人力。有了完善的团队支撑，才能保证线上教学质量和活动质量，保证校园App的正常运作，促进基于校园App的思想政治教育的常态化机制的发展。

3. 掌握网络话语及活动特点，提升线上思政教育的亲和力和新颖性

校园App是移动互联网高速发展的产物，是一种新的媒体平台。对高校思想政治教育工作而言，要将它转移到校园App上并不是一蹴而就的，必须充分了解大学生的话语特征以及语言形态，参考大学生的关注点和兴趣爱好，才能最终给学生提供有价值、感兴趣的内容，引导大学生主动参与到教育工作中来，最终有效地提高教学效果。这就是校园App的真正价值。运营团队需要学习青年网络话语表达方式，更好地理解网络语言，对热门事件和词汇、表达方式进行追踪，结合教育主题制造热点，提升学生的参与度。在设计教育活动这方面，借鉴微博、微信等App

的运营方式和活动方式，开展多样化的活动，如线上互动、打卡签到、积分兑换等，提升活动的亲和力和吸引力，促进思想政治教育的双向互动。

4. 与校园功能实时对接，维护学生使用的长效性

尽管校园App有着良好的创新性和便捷性，而且在实际运营中也充分考虑了学生的特征，但是如果无法将服务和学生的学习生活相关联，也就无法长久地发挥作用。所以，在开展教育工作时，校园App也应当提供沟通和反馈渠道，如校长信箱、行政部门评价功能等，让学生的意见可以有反馈的渠道；此外，要积极开发校园App的新功能，与校园的实际需求对接，如课程查询、图书借阅、故障报修等，切实提高学校的办事效率。只有这样，才能保证校园App的用户黏性，便于后续长期开展思想政治教育工作。

第二节 主题网站与App平台在高校网络思政教育中的运用

一、新时代高校思政教育主题网站及App平台与教学科研的融合

本部分以S省高校为例。

（一）高校思想政治教育主题网站与教学科研的融合

1. 顺应网络发展新形势

网络参政议政的方兴未艾、“互联网+”成为国家意志、互联网直播的风生水起、网络购物的蓬勃发展，不同领域的种种现象已经表明，网络技术的发展促进了人类生活方式的转变，网络化的生活方式已经形成。

习近平在全国高校思想政治工作会议中指出，做好高校思想政治工作，要因事而化、因时而进、因势而新。思想政治教育是一项与时俱进的工作。互联网具备快速传播、互动便捷、形式多样等特点，把这些特点用于思想政治教育网站的内容建设，提升网站的思想政治教育水平，对于做好新形势下大学生思想政治教育工作具有较强的现实意义。S省高校

建立思想政治教育网站有十年的历史，经过这次调查发现，在网站的建设和维护中有诸多问题，主要原因在于S省高校的相关部门对互联网的认识程度不够。[①]

因此，建议各高校重新审视自身的思想政治教育网站建设工作，并把它作为一项重要的日常工作来做。第一，学校党委要起到统领全局的作用。党委是学校各项工作的领导核心，党委全体成员应首先树立互联网思维，通过学习和使用互联网，加深对互联网特点的认识，对互联网发展状况，特别是本校师生的互联网使用情况做到全面掌握。通过文件和会议的形式对思想政治教育网站的重要性和必要性以及建设策略加以说明，提高师生对网站的认识水平和了解程度。第二，网站主管部门要认真负责，起到应有作用。根据各校情况的不同，网站的主管部门可能是党委宣传部，或者学生工作部（处），或者团委相关部门。这些部门作为思想政治教育网站的直接领导部门，应在贯彻党委思想的基础上，加深对互联网的理解程度，成立专门的思想政治教育网站工作领导小组，促进管理工作的规范化。领导小组的成员不仅要对学生工作了如指掌，更应对互联网发展的趋势有所把握，将互联网思维运用到思想政治教育网站的建设工作中去。不仅要建设思想政治教育网站，更要建好思想政治教育网站，让网站能够真正为学生服务，为思政工作提供便利。

2. 适应学生发展新特点

学生是高校教育的接受主体，网络上不良信息的侵入让缺乏判断能力的年轻人迷失了方向，思政教育肩负着更加艰巨的历史使命。高校的一切思想政治工作必须围绕着学生培养这个核心点来开展，树立“以学生为本”的建站思路。

得益于移动互联网的不断发展以及智能手机的普及，学生网民的数量也在逐渐增多。在大学校园内，我们随处可以看到“低头族”，大学生在课余时间利用互联网进行网购、消遣、社交等。可以说，如今的大学生是“网络一代”，其上网呈现出碎片化和闲暇化的特征。碎片化是指上网时间不固定，随时随地掏出手机都能上网；闲暇化是指大学生上网的

①郭少华，范嘉琪．习近平关于高校思想政治工作方法论阐述[J].井冈山大学学报（社会科学版），2022，43（3）：5-13.

目的主要是为了娱乐消遣，用于接受教育的时间不多。

网络占据着大学生的业余时间，这是社会发展的必然。我们需要正视这一现象并为我所用，要遵循教书育人规律，遵循学生成长规律，不断提高工作能力和水平。一方面，我们应倡导大学生科学上网，使其能够正确处理网络与现实生活中的种种关系。另一方面，我们需要着力建好思想政治教育网站，抓住学生的“注意力”。贴近学生、贴近实际、贴近生活，根据学生的成长规律构建网站内容，积极探索思政教育内容与网站的融合，抓住学生的碎片化时间，让浏览思想政治教育网站成为大学生闲暇之余的重要习惯。思想政治教育网站的最终目的是提高学生的思想道德水平。因此，树立“以学生为本”的建站思路，激发学生内在兴趣，是极其重要的。

3. 顺应思政发展新趋势

在如今的互联网时代，高校一定要努力做到因事而化、因时而进、因势而新，顺应思政发展新趋势，切实加强思想政治教育的亲和力和针对性。从高校的自身发展角度来看，思想政治教育网站同样意义重大。建好思想政治教育网站，使其发挥应有作用，对提高大学生思想政治水平，办好高等教育具有深远影响。

各高校应投入适量的人力与财力，并商讨制定网站的维护与管理制度，让思想政治教育网站的建设工作再上一个新台阶。相关人员在制度下各司其职，共同促进网站的发展，避免再次出现“死站”“空站”的现象，切实维护好、利用好这一网络阵地，顺应思想政治教育发展的新局面。高校上级相关部门应给予高校思想政治教育网站建设一定的经费支持，特别是民办院校、专升本院校等资金相对较少的高校。因为在实际调查过程中发现，这些院校在基础设施和人员配置上较为薄弱，缺乏专项资金去建立和运行思想政治教育网站。

各高校也可以探索形成网站联盟，建设集群化网站。可以按地区、学科进行划分，不同高校之间在互联网上实现资源的互动共享。学生可以登录网站联盟内的任意一家网站，不仅增加了思想政治教育内容，实现了资源的优化配置，也能让学生在比较借鉴中实现思想水平的提升。

总之,网络思政教育是大势所趋,各方必须齐心协力,共同构建思想政治教育网站。

(二)高校思政教育App平台与教学科研的融合

1. 将思政教育App平台的使用纳入考核机制

考核不仅仅是对结果的考核,它更是一种过程管理。把思政教育App平台的使用纳入考核机制,不但能激励学生使用网络教学平台,而且还能督促教师建设和完善思政教育App平台。

(1)将思政教育App平台的建设纳入教师考核机制

将思政教育App平台的建设纳入教师考核机制能督促教师建设和完善思政教育App平台。教师对思政教育App平台重视程度低的原因,一方面是多数高校对于思政教育App平台的使用停留在口头上、文件上,并没有具体落实下去;另一方面是学校未将思政教育App平台的建设纳入教师考核机制。

教师考核机制具有激励作用,把教师的薪酬和职位职务的升降与考核相结合,激发教师的热情,调动教师的积极性和主动性。教师对思政教育App平台的贡献可包括上传教学资源、组织学生互动、对已有资源的维护等。将教师对思政教育App平台的建设成果作为年终考核的标准之一,将促使教师投入时间和精力去建设思政教育App平台,组织网上教学活动。另外,在平时的教学成果评奖中,可以把网络教学作为限制点,只有参与思政课网络教学建设的教师才有资格评选。这些措施必然促使教师更加重视思政教育App平台。

(2)将学生在思政教育App平台的表现纳入总评成绩

考试成绩具有激励作用,优异的成绩能够激发学生的积极性和上进心,促使其努力学习。当学生在思政教育App平台的表现不参与思政课总评成绩时,会给学生造成一种假象即思政教育App平台不重要,所以没有必要在平台上花费精力。针对学生的这种心理,教育者应该把学生在网络教学平台的表现纳入其总评成绩,让学生感受到网络教学平台的重要性。当学生因为成绩开始使用网络教学平台时,随着使用频率的增多,学生会发现平台的优越性,逐渐由被动使用(为了学习成绩)转变为主动使用。

布鲁纳提出:学习存在表层过程和深层过程。学生在网络教学平台中的学习也分为表层过程和深层过程,两者构成学生在网络教学平台的表现,最后与学生总评成绩挂钩。表层学习过程主要表现在:学生使用网络教学平台的次数和时长;学生对网络教学平台的贡献,比如上传平台有价值的信息、资料;学生在平台上的作业情况及在线测试。深层学习过程表现在:师生之间或学生之间就热点问题、疑难问题的互动情况。

对照表层学习和深层学习的评分标准,教师对学生在网络教学平台中的表现评分。学期结束时教师将学生在网络教学平台中所得的总分值,按一定的百分率折合到思政课总评成绩中,这一行为将激发学生使用网络教学平台的主动性,从而提高学生使用网络教学平台的频率。

2. 提供基础条件

基础条件对思政教育App平台具有重要意义,它是思政教育App平台存在和发展的必要条件。良好的基础条件利于思政教育App平台作用的发挥。

(1)完善网络基础设施

思政教育App平台依赖于学校的网络基础设施。良好的网络基础设施为思政教育App平台提供基础支持。高校的基础设施建设包括网络设备的更新换代、数字化教学环境、优化网络系统配置三个方面。

首先,网络设备的更新换代。教育部颁发《关于加强高等学校思想政治教育进网络工作的若干意见》后,各高校加大了对校园网络的建设,加大了对网络经费的投入。目前,很多高校的网络基础设施已较为齐全,但网络设备陈旧不堪,不能满足师生的需求,因此急需对学校网络设备进行升级换代。

其次,优化数字化教学环境。学校为师生提供一个良好的数字化教学环境,就必须在现有多媒体教室的基础上建设数字化教室。数字化教室配备交互式智能白板、传感器、自动跟踪录播系统、实时编辑生成系统、网上直播系统等软硬件,满足以“学”为中心的新型课程组织形式的教学要求。

最后,改善校园网络,加大校园网络的覆盖率。对于有线网络的建设,必须优化网络系统配置和拓扑结构,加快网络设备的升级换代,提高网络监测和安全防范标准。同时要从学生的实际出发,调整校园网的资费,采取不同的对策合理引导师生健康有效地使用网络。另外,在校园内全面覆盖无线网络(Wi-Fi)。Wi-Fi通过室内分布系统,覆盖教学区、办公区和生活区各类公共楼宇,部分公共区域实现室外覆盖。

(2)提供相关政策支持

为解决我国教育发展难题,促进教育的改革和创新,为此国家作出了以教育信息化带动教育现代化这一重要决策。思政教育App平台是教育信息化的重要表现,因此学校在规划纲要的指引下,制定落实思政教育App平台的相关政策,为思政教育App平台的使用创造一个良好的环境氛围,为网络教学平台的建设和使用提供政策支持。

首先,学校制定思政教育App平台建设方案,从总体上为网络教学平台的建设和使用提供指导。另外,学校要高度重视学生的思想政治教育,而非把思想政治理论课看作辅助课程,要把“培养什么样的人”这一重大课题放在重要地位。

其次,制定奖励和惩罚政策。将教师对思政教育App平台的建设和使用情况纳入终期考核,制定奖励和惩罚政策,激励教师积极建设思政教育App平台以达到完善教学平台的目的。将学生使用思政教育App平台的情况纳入总评成绩,按一定百分比加入学生成绩中,引导学生高度重视网络教学平台的使用。

最后,学校以文件的形式把教学和科研放到同等地位。从高校对教师的考核来看,科研在高校教师的考核中显得越来越重要,教学越来越不受重视。高校为了科研经费和荣誉把科研作为评价教师工作质量的主要标准,采取大量的激励措施鼓励教师科研。同时,科研因素也是职位晋升和工资津贴方面评定的主要标准。科研是考核的重要标准,关系到晋升和工资,而思政教育App平台的建设和维护需要花费大量的时间和精力,所以教师不得不把有限的精力投入到科研中。要想改变此局面,必须要改变考核标准,要将教学和科研放到同等重要地位。教师才能将更多的精力放到教学中，才能把精力放到思政教育App平台的建设和维护上。

(3)增加师生培训机会

培训是对相关人员传授正确的思维认知、基本知识和技能的过程，以期望其完成本职工作。为使思政教育App平台得到有效运用，必须对教师和学生进行培训。

对学生的培训。首先是平台操作技术的培训，可以由各学院组织本院学生，通过多媒体演示的形式进行培训。培训完毕后，学生回去演练，课上由任课教师抽查学生对平台操作的熟练程度。其次是观念培训，引导学生重视思政教育App平台，激励学生积极使用网络教学平台学习思想政治理论课。

对教师的培训。第一，树立新的教学理念，建构主义理论认为教学应以学生为中心，教师应以组织者、引导者、促进者的身份出现，积极发挥教师的主导作用，转变教师角色，把教师从知识体系的传投者变成思想的传播者。第二，技术上的培训，使教师了解、掌握网络教学平台的操作步骤和功能。第三，教学策略、教学模式的培训，使教师了解、熟悉多样的教学策略和模式，如协作式教学策略、自主学习策略、示范—模仿教学策略等，以及自学—辅导式、自主学习模式、合作学习模式等。在网络教学平台中，教师可以按照意愿、效果等自主选择使用。第四，网络教学信念的培训，通过去思政教育App平台使用的领头学校甚至是国外进修、学习，让教师亲身感受网络教学平台的优越性，坚定使用网络教学平台的信念，激发使用网络教学平台的动力。

总之，加强教师培训可以提高教师的整体素质，激发教师使用思政教育App平台的积极性，对思政教育App平台的有效使用具有重要意义。

二、新时代高校思政教育主题网站及App平台与高校生活的融合

以“学习强国”App为例。“学习强国”App是传播主流意识形态的大众学习平台，最初是为广大党员干部服务，后来发展成全民共享平台，目

的是宣传党的路线方针政策，弘扬主流意识形态，传播中华优秀传统文化，报道社会重要资讯等。因为“学习强国”App有上述的专门特征，所以用其来优化高校思政课教学就变得顺理成章。新时代，思政课建设只能加强、不能削弱，高校思政教师要把握好“两个大局”，自觉运用好“学习强国”这一范围大、内容全、知识广的学习程序来优化高校思政课教学。运用“学习强国”App优化高校思政课教学的优势包括促进学生学习自由、降低教师教学成本、丰富教师教学内容、增添学生学习趣味，但优化思政课教学过程中也出现了一些问题，如学生自主学习思政知识能力不高、“学习强国”App与部分思政教师之间的黏性不强。针对这些问题，提出培养学生自主学习思政知识能力、更新思政教师的教学理念、优化思政课教学资源配置的对策。

（一）促使大学生学习自由

当大学生借助“学习强国”App这一学习平台来学习思政知识时，会使他们的学习更加自主，学生通过App学得更加“自由”，具体表现为以下三点。第一是地点自由，与传统只能局限在课堂上学习的地点不同，学生无论是休息时间还是自习时间，无论是在宿舍还是在教室，甚至在图书馆、操场、食堂、地铁等地点都可以打开“学习强国”App学习思政知识。第二是时间自由，无论是课前知识预习，还是课上内容学习，或者是课外阅读补充，“学习强国”App电子化服务的不间断性和工具的便捷性可以使大学生随时不间断地学习，与只能局限在思政课堂上的学习相比较而言，大学生学习就相对自由了许多。第三是内容自由，“学习强国”App融入高校思政课、优化高校思政课，会为大学生扩大所学内容选择的范围，大学生可以根据自己的学习兴趣自由地选择“学习强国”App里的图片、音频、视频、文字资料等内容进行学习，也可以根据自身知识结构和知识掌握情况查漏补缺，从而达到良好的学习效果。

（二）降低思政教师教学成本

“学习强国”App内容的综合全面和形式的多种多样不仅符合高校思政课教材的系统结构，而且能充分适应选修课的开放性，从而大大降低思政教师的教学时间成本和购买书籍的金钱成本。从降低教学时间成本上来看,虽然高校思政必修课分为不同的四门,但是它们并不是彼此分割的,而是相互联系、紧密结合的统一体,它们的框架结构、主旨思想、内容要点都包含在了“学习强国”App中,大大降低了思政教师全网收集材料的时间成本。从降低教学金钱成本上来看,“学习强国”App提供的海量的、时政性的信息资源可以大大降低思政教师购买资料、音频、视频的成本,是便携式的“信息掌上营业厅”。于思政教师而言,“学习强国”App是一款无费用、知识广、时效高、内容多的教学工具。

(三)丰富思政教师教学内容

“学习强国”App内容的丰富性和准确性给思政教师的教学提供了源源不断且真实可靠的课程资源,有利于思政教师完善教学计划和丰富教学内容。“学习强国”App更新频率高的特性充分保证了时政热点的时效性,方便了思政教师的教学,思政教师可以直接观看和下载新闻、最新时政热点,满足了思政教师日常教学需求,有助于提供更多教学案例,为思政教师及时保存所需要的思政课教学素材和数据资料提供了便捷化的渠道,是思政教师备课和教学的得力助手。“学习强国”App汇集了习近平新时代中国特色社会主义思想的大多数内容,既能丰富思政教师的教学内容,又能为思政教师传播主流意识形态提供重要依据。

(四)增添大学生学习思政知识趣味

从“学习强国”App的栏目排版和形式的布局结构分析,“学习强国”App精心巧妙的布局不仅满足了大学生在心理、成长、发展方面的需求,而且符合了高校思政课立德树人的课程目标。目前,高校思政课堂的教育主体大都是“00后”,他们思想上开放活跃、个人主观意识性强,语言行为上多变,在新的历史方位上看,他们是崭新而又任务艰巨的一代。纯理论的思政内容难免有些枯燥无味,只有少部分学生能真正接受。为了达到全部或者大多数学生都能够自觉接受的课程目标,可以借助“学习强国”App来优化思政课教学。“学习强国”App将纯理论的思政知识与时政、主流意识结合,通过短视频来表达,不仅传递了主流思想和价值观念,而且通过学生喜闻乐见的形式来呈现,从而避免了书本枯燥的纯理论学习方式,给大学生学习思政知识增添了不少趣味。

三、新时代高校思政教育主题网站及App平台与高校文化的融合

高校文化，可以通俗地理解为在校园中被普遍热爱并热情追随的娱乐文化。显然，高校文化通常特指大学生中的流行文化。高校文化具有以下特点。

第一，传播周期短、速度快、影响大。高校文化的这个特点与高校特殊的环境以及大学生这个特殊的群体有直接关系。高校校园相对封闭，但是各高校之间不管是官方还是非官方交往都很频繁，新的流行文化一旦在某一高校中产生，就会很快传播到整个校园以及其他高校。高校大学生群体极富激情和创造力，爱尝试、爱冒险，主观上对流行文化有着先天的亲切感。大学生群体同时也是重要的网络用户，能够熟练使用各种网络软件和应用，能够第一时间接收和传播流行文化。大学生在校内集中学习、居住的特点，使得流行文化能够在高校中迅速传播。因此，高校文化在大学生中的影响力巨大。一夜之间，新的校园流行文化就能够引起大学生热烈追捧，让他们争先效仿。同时，绝大多数的高校文化来得快，去得也快，但也有极少数有生命力的流行文化，能够长期保留下来，成为高校校园文化和大学生文化的一部分。

第二，商业化、娱乐化。流行文化是以大众为消费对象，以现代传媒为载体，按照市场规律批量生产的、集中满足人们的感性娱乐需求的文化形态。流行文化以企业运作的方式组织产品的生产和销售，并追求利润的最大化，这就决定了流行文化产品只有在成为商品后才能实现自己的文化价值。高校文化具有很强烈的商业化的特点。高校中各式各样的流行文化的元素和符号，归根到底都是商业运作的结果，比如，高校中非常典型的“苹果文化”就是典型的商业文化。娱乐化是高校文化的另一大特点。娱乐化相对纯粹，对商业化流行趋势而言，前者成本更低，也更容易在校园中流行。娱乐化是大学生群体的个性使然，也是大学生在高校学习、生活中的重要调节剂。通过娱乐，大学生能够获得暂时的满足感和充实感，能够排解学习中的迷茫感和空虚感。流行文化的娱乐元素往往伴随着强烈的感官刺激，求新、求怪、求异，甚至以对传统思维、主

流价值的颠覆为乐。大学生对流行文化的追捧，就是保证自己不在群体中掉队，或者能够引领高校文化的潮流。而他们通过挑战约定俗成的社会价值和社会共识，往往能够很快地获得关注度。

第三，感染性、盲目性、多元性。大学生是思维最活跃的群体，通过和网络的经常性接触，大学生接收到的各种各样的网络信息也最为丰富，因此高校文化呈现出多元的特点。高校中同时存在大量的正式和非正式的组织，如班级、学生社团、兴趣小组、学习团队等，这样的组织形式很容易形成完全不同的流行文化。大学生群体有很强的集体意识，体现在流行文化中，就是大学生总会主动或者被动地追捧流行文化。从最小的寝室单元来看，流行文化就是寝室的共同话题之一。在日常的校园交往中，流行文化也是重要的社交手段之一。反之，对绝大部分大学生而言，如果不了解高校文化，就会被打上“落伍”的标签。

互联网每天都在发展变化，不断有突破人们想象力的新技术、新应用出现，这其实也是流行文化的一种体现。网络思政教育平台的求新、求变和高校文化在理念上是一致的，它们通过相互融合、和谐共生、取长补短，就能发挥更大、更好的作用，具体有以下几点。

一是网络思政教育平台要加强和高校文化的融合。首先，网络思政教育平台要借鉴高校文化的思路。流行文化针对的都是特别的群体，从教育的思路来看，其与因材施教有异曲同工之妙。只有抓住大学生群体各不相同的兴趣、爱好、特点，点对点地开展工作，网络思政教育才可能取得实效。网络思政教育平台根据不同群体的特点为其推送具有针对性的资源以及应用，为用户提供个性化的服务，这是平台的独特优势。其次，网络思政教育平台要借鉴高校文化的方法。高校文化能够长时间地吸引大学生，并让大学生愿意为之付出，自然有其独特的方法。一般而言，流行文化的娱乐性都很强，娱乐性背后是流行文化的教育性和影响力；流行文化包容、开放，大学生完全可以按照自己的意愿加以修饰和改造，这同时也是对大学生能力的全方位锻炼；流行文化有很强的吸引力和凝聚力，能够让大学生以流行文化为中心，紧紧地团结在一起。更进一步讲，流行文化在表达方式、传播方式上更接地气，更符合大学生的接受习惯。网络思政教育平台完全可以深度植入流行文化的内容和元素。比如,网络思政教育平台的课堂,就完全可以通过动漫的形式呈现;网络思政教育平台的视频内容,就可以通过短视频,甚至部分"恶搞"的形式发布;用户在网络思政教育平台中的良好体验,完全可以采用网络游戏的模式,通过完成特定的任务获得经验、装备、荣誉实现。对高校文化的转化和利用可以增强网络思政教育平台对大学生的吸引力和感染力。

二是通过网络思政教育平台加强对高校文化的引导。一方面,高校文化往往都是通过网络产生、发展、壮大的。网络思想教育平台对网络空间的有效治理,就能够抓住流行文化产生、发展的规律。高校文化有其生存发展的线上线下基础。另一方面,追赶潮流是人的天性,对流行文化的追捧,在大学生身上表现得尤为突出。我们不能因为流行文化存在的一些消极因素,就将高校文化视为洪水猛兽。网络思政教育平台要成为高校文化的发源地、集散地,充分发挥平台的技术优势,把校园中的流行文化都集中到平台上。同时,平台要对流行文化给予必要的扶持和引导。对于能够和网络思政教育平台同向、同心、同行的,可以大力给予技术的、资金的、物资的、人员的扶持,鼓励流行文化在高校和网络思政教育平台上发展;与网络思政教育平台有明显背离的,就要进行严格的限制和控制,再培育新的校园流行文化来取而代之。对网络思政教育平台的扶持和引导,可以让真正好的流行文化、对大学生有益的流行文化脱颖而出,并影响更多、更广泛的人群。

三是通过网络思政教育平台主动创造高校文化。网络思政教育平台通过对校园流行文化的扶持和引导,为主动创造高校新的流行文化奠定了基础。在技术上,网络思政教育平台能够掌握校园流行文化的基本规律以及大学生对流行文化的偏好、习惯等信息。在人员上,网络思政教育平台既掌握了流行文化的主要人群——大学生,又培养了一大批流行文化的传播骨干。网络思政教育平台完全有能力对高校文化进行优化组合,从而创造出大学生喜爱的、有趣的、有意义的高校新流行文化。网络思政教育平台通过对这些流行元素的分析,就可以创造出新的校园流行文化。例如,校园夜跑可以引导大学生参加户外活动,以达到瘦身塑形的目的;礼仪训练营可以把大学生对外貌、形体的关注引导到对自己言谈举止的关注,进而提升大学生整体的形象和气质。

第九章　短视频与直播课程的开发及其在高校网络思政教育中的运用

第一节　新时代高校网络思政教育短视频与直播课程的开发

一、高校网络思政教育短视频开发

“立德树人”是教育的根本，即教育除了培养一个人的知识水平、技能高低以外，更重要的是要对受教育者的情感、态度、价值观等思想层面的部分进行修正和正向引导，也就是说必须对他们进行思想政治方面的教育。大学生群体作为一个国家未来发展的重要人才储备，无论是对其知识层面还是精神层面的教育引导，都是非常重要的。思想政治教育可以看作是铸魂育人的首要武器，尤其是在当今的互联网时代，部分大学生沉迷于通过短视频接收大量鱼龙混杂信息的现实情况下，迫切需要高校对其进行思想政治层面的教育，提高他们明辨是非的能力，为大学生的成才之路指引方向。因此，高校要妥善使用短视频这一教育载体形式，真正实现短视频为高校思想政治教育服务。

（一）推动各高校积极运营短视频账号

1. 各高校加快入驻短视频平台

各高校要想利用短视频做好思想政治教育工作，躬身入局是第一步。根据调研结果显示，目前很多高校仍未在短视频平台注册账号。因此，各个高校必须适应当前短视频快速发展的形势，重视学生对这一新媒体的喜爱和使用，认识到思想政治教育进网络、进短视频的重要性和紧迫性。

各高校要加快入驻短视频平台的步伐，首先就是要在深受大学生欢迎的各大短视频平台注册账号，实现高校短视频官方账号从无到有的转变，为在短视频媒介传播信息的背景下掌握话语权奠定基础。其次是要利用自己的独特优势牢牢抓住学生群体的关注，利用好学校里庞大的学生基数，全面实现在校学生对这一账号的关注，为后续学生们通过这一账号获得思想政治教育信息做好前期准备。最后是要做好这一账号的运营工作，可以考虑组建专人专职队伍来负责学校短视频官方账号的运营和管理，不仅要保证视频更新的频率和质量，还应当实现学校与学生之间高效、高频、优质的互动。①

2. 增加思政教育类短视频投放

短视频种类繁多，内容丰富，要想让学生们在这片汪洋大海中淘到积极向上、正能量的内容，各高校应积极参与到当前短视频传播的浪潮中，丰富短视频官方账号中与思想政治教育类相关的内容，以优质、精美的短视频作品吸引学生们浏览观看，从增加数量和提高质量两方面入手，确保短视频为高校思想政治教育服务的效果。

具体来说，各高校短视频账号应当多多发布贴近大学生生活的、大学生喜闻乐见的短视频内容，通过丰富多彩的作品引起学生们的兴趣和关注，进而拉近与他们的距离，并且要保持较高频率的更新。更重要的是，各高校还应当根据现实情况以及以往经验，将线下名师搬到线上，通过与专职思想政治教育理论课教师合作，创作内容丰富、有趣且质量上乘、积极正向的思想政治教育类短视频内容。例如，可以通过制作“哲学研修班”“三分钟学习《资本论》”等与思想政治教育相关的系列短视频，吸引大学生及社会上其他群体的观看，还可以打造“名师课堂”，打造一批讲课风趣、内容深刻的短视频思政教育工作者。这些都是可以帮助我们充分运用短视频这一思想政治教育新载体，推动高校思想政治教育取得实效性的重要手段。

（二）加强高校思想政治教育队伍建设

1. 培养教育者运用短视频的意识

思想政治教育队伍建设效果直接关系到思政教育的实效，因此，打

①来晓菲．增强思政类新媒体平台舆论引导能力之浅见[J]. 西部学刊，2022(17)：45-48.

造一支现代化的教师队伍具有十分重要的现实意义。面对新时代下短视频给思想政治教育带来的现实影响，高校思政理论课教师应当跳出传统教育模式的窠臼，重视短视频的教育功能。

首先，这要求思政理论课教师改变当前看待短视频的态度，只有正视大学生热衷于使用短视频媒介的现象，深入了解短视频给学生各方面带来的影响，才能准确把握学生思想观念、情感道德等方面的变化，才能与时俱进更新教学内容，有的放矢展开教学。其次，高校思政理论课教师应该看到短视频中除了有娱乐、轻松的作品，还有很多积极、正向的内容，充分利用好这部分内容开展高校思想政治教育，可以充分发挥短视频对学生的教育功能。最后，教师们应当看到短视频传播速度快、承载内容广、能突破时空界限等特点，扩大思想政治教育范围，加强思想政治教育效果。

2. 提高教育者运用短视频的能力

在意识到短视频对大学生以及高校思想政治教育有重要影响后，教育者必须要切实提高运用短视频的能力，真正实现短视频为高校思想政治教育服务。

具体来讲，高校教师首先要在短视频平台注册个人账号，在进行浏览时要注意辨别和筛选短视频中的各类信息，留意将短视频中的精华部分与实际的思想政治教育相结合，做到为我所用。例如，可以将当下短视频中学生们关注的热点事件和敏感话题作为课堂案例引入课堂，与学生们一起讨论，还可以将相关的短视频作品当作正式课堂的导入环节，吸引同学们上课的兴趣。除此之外，各高校还可以通过集中学习的方式，为思政理论课教师讲解短视频的制作方法、推送机制、传播方式等内容，提高教师们运用短视频的能力，引导教师们将自己的专业知识与短视频这一新型教育载体紧密结合，积极主动地发布与思想政治相关的短视频作品，创新思想政治教育形式。

（三）提高大学生辨别和使用短视频的能力

1. 开设相关课程引导大学生合理使用短视频

大学生作为短视频的使用者，既要浏览短视频，又要创作、发布短视频，因此必须要提高大学生对于短视频的辨别能力和使用能力。这不仅可以减少短视频中的不良内容对青年大学生思想的侵蚀和腐化，还可以让短视频成为促进学生们健康向上发展的有力抓手。

各高校应该加强学生们对短视频这一新兴传播媒介的了解。具体来说，学校可以开通思想政治教育与短视频结合的相关课程，作为公共课或者选修课供同学们自主学习。首先，在课堂上，教育者要引导学生们学会辨别短视频传播内容的真假、好坏、对错等，对于涉及谣言和不实信息的短视频要坚决说不，对危害和谐稳定社会建设的短视频内容不仅要仔细甄别，还要做到杜绝传播。其次，要引导学生们对短视频所传播的内容保持客观中立的态度，特别是要倡导其对一些容易引起争议的敏感事件不急于发表意见，“让子弹飞一会儿”。除此之外，要改变大学生对短视频的看法，不仅将短视频作为一个娱乐工具，更要重视其教育功能，要教育大学生妥善使用好这一新媒体，教导其从纷繁复杂的内容中获取有价值的信息。

各高校还要着重培养大学生的自律意识，引导学生们有计划、有目的、有底线地浏览短视频，主动观看正面向上、充满正能量的短视频；更要提高自己在使用短视频时的自控力，不被短视频控制，真正做到将短视频为我所用。

2. 鼓励大学生积极发布正能量短视频作品

根据调查显示，半数以上的学生会因为短视频传递的信息而改变对某一事件的态度和看法，并且，短视频还具有“同辈效应”，面对同一事件，同学们往往与同龄人更有共鸣，更认同同龄人发表的观点。因此，高校教育者要看到大学生在使用短视频时的主体地位，引导学生们不仅要正确浏览、评论、分享短视频平台上的作品，更应当积极主动地发布高质量的视频内容，作为传播者参与到信息传播的过程中去。

教育者可以引导学生们在选题与拍摄时多多关注时事热点与国家新闻，并且将这一主题以生动、有吸引力的短视频形式进行展示，满足学生们对新鲜事物和热点话题的认知需求，更可以增强学生们对国家重大事件的了解和关注。特别是通过对一些具有纪念意义和历史成就的事件的拍摄，培养学生们的爱国情怀和民族自豪感。

通过鼓励大学生主动发布大量积极向上、充满正能量的短视频内容，培养各主流短视频平台的意见领袖，可以使得学生们通过这一媒介对同龄人群体产生正向的积极影响，也有利于其他学生潜移默化地接受思想政治教育。

(四)优化短视频使用环境

1. 加强短视频平台自身建设

大学生对短视频的使用情况表明，短视频已经成为他们生活中密不可分的一个部分，在给用户尤其是大学生群体提供新奇好玩的视频内容的同时，短视频平台也承担着一定的社会责任，只有平台注重自身建设，才有助于短视频的持续健康发展。

首先，短视频平台要特别注意对短视频内容的核查，可以采用机器初筛与人工复核的方式进行审核，即用户发布的短视频应当先经过机器的大致筛查，如果判定违规而无法发布便转向人工进行二次审核。为了避免机器审查机制出现偏差，导致一部分违法违规视频成为“漏网之鱼”，短视频不仅要完善机器审核的流程设计，更要增加人工核查人数，加强人工审核队伍建设，最大限度减少不良低俗视频的投放，尽量减少审核的误差，为思想政治教育高效发展创造一个健康的背景。此外，如果违法违规视频未经检测而发布成功，平台应该在最短时间进行下架处理，避免造成大范围传播和不良影响，并要严格执行事后追责制度。

其次，短视频平台应当优化算法机制，减少同质内容、低俗视频的集中推送，避免局限用户的认知，尤其是要避免这些内容对青少年身心健康发展的不利影响。相反，短视频平台应当多多向大众尤其是大学生群体推荐正能量、符合主流价值观的短视频内容，从而在平台上营造思想政治教育的良好氛围，对于特别优秀的思政教育类短视频，平台可以考虑将其强制推送至每一个用户主页中，确保教育的范围和影响力。短视频推送算法的科学设计，可以对增强思想政治教育实效形成一个有力的补充。

最后，短视频平台应该对发布和传播违规视频的账号进行严肃追责。例如采取回收账号、列为重点监控对象、对多次违规者实行彻底封杀等一系列措施，优化短视频使用环境，严防低俗、消极类短视频给社会尤其是大学生群体产生不良影响。

2. 建立健全短视频规范制度

要想保障短视频这一新兴事物的健康有序发展，除了依靠短视频平台自身进行规范以外，国家有关部门更要做好监管工作，并逐步完善相应的法律法规，提供一系列的法律保障。

首先，相关部门应当不定时对平台内的短视频进行抽查，尤其是针对低俗等重点内容加大检查力度，对于此类视频要进行严厉打击，情节严重者要承担相应的法律责任。这样既可以提醒用户在发布和传播短视频时要遵守道德和法律的底线，还能够防止一些不良视频侵蚀大众尤其是学生的心理健康和精神世界。

其次，根据青少年使用短视频的现实情况制定专门的规章制度，例如要求平台推出青少年防沉迷模式、要求平台逐步推行实名化注册等。这样一方面可以防止学生过度沉迷于短视频带来的娱乐世界，另一方面有利于规范短视频账号创作、传播等行为，便于管理。

最后，发挥群众对于短视频内容的监督作用。对于群众反馈和投诉的违规视频要引起高度重视，在仔细研判后进行公正处理，确实属于违法违规类视频的要进行严厉打击，实现政府、平台与社会同向而行，共同建设风清气正的短视频环境。

二、高校网络思政教育直播课程开发

（一）新时代高校思政直播课程教学中存在的问题

新时代高校思政直播课程教学的广泛使用，使得传统的思政课教学方式发生变化，教师和学生固有的思维模式和理念与网络技术发生碰撞，遭受到了一定的冲击，暴露了一些问题。

1. 网络思政课堂的教学效果有待提升

网络思政课教学受到多方面因素的影响，育人效果需要进一步提升。这方面暴露的问题主要有以下几点。

一是在教学内容方面存在“变”与“不变”的关系。高校思政课的教学内容经过多次调整变革，随着党和国家召开的会议、发布的文件以及讲话精神而发生变化，2021年教材全面修订。虽然教学内容在发生变化，但是马克思主义的指导地位始终保持不变。在高校思政直播课程教学中如何处理“变”与“不变”两者之间的关系，成为影响教学效果的重要因素。二是在教学过程中容易发生“两极”现象。在网络教学过程中，缺乏有效的教学组织和管理，极容易出现学生忘记上课或因其他事情没有及时学习课程内容的情况。在互动过程中也极易出现部分同学课堂参与积极性空前高涨，部分同学在课堂互动中安静如斯的情况。三是教学方法运用不得当。部分教师仍采用传统课堂教学中的“灌输式”教学方法，导致学生对思政课不感兴趣，课堂评价不高。部分教师网络信息技术应用的比较熟练，教学方法多样，学生上课负担重，不能及时跟上教师的思路。四是学生极易出现“分身”状态。部分学生不能全程关注课程内容，不能紧跟教师的思路，教师也无法对学生在学习过程中的态度及时进行纠正，这是网络思政课教学效果有待提升的另一个重要因素。

2. 教师掌握现代技术的能力有待提高

新时代下，高校思政直播课程教学的开展，对教师掌握网络技术的能力有了更高的要求。这方面暴露的问题主要有以下几点。

一是网络教学软件的开发不成熟和教师对软件的使用不熟练，造成教师对网络教学的应用水平较低。二是由于教师网络技术能力有限，导致不能及时回应学生提出的问题，影响了线上教学互动的效果，使得线上教学不能满足师生之间与生生之间即时互动的需要。三是教师在认真备好课的基础上，还要学会使用各种各样的软件和网络平台，要提前设置好教学过程中的各个环节，提前编辑教学视频、教学考核等教学资源，这就容易出现部分教师在网络技术应用上能力不足的现象。

3. 学生对待网课学习的态度有待改善

学生是思政课教学的主要对象，学生在课堂中的状态以及学习态度直接影响到教学效果的高低。这方面暴露的问题主要有以下几点。

一是学生对电子产品易产生依赖性。大学生在平常生活中对网络的依赖性较强，而高校思政直播课程教学是以电子产品为载体的人机交互式教学,这种方式进一步加深了学生对电子产品的依赖,加剧了大学生低头玩手机的现象。二是学生对学习内容只停留在表面。大学生在网络空间中极易受到"快餐文化"的影响,容易造成学习只停留在表面。学生在网络思政课教学中由于注意力不集中,造成学习的碎片化、浅层化,不能深入了解知识的系统性,对感兴趣的理论也不能做到深入挖掘。三是学生在网络中极容易冲动,不能全面、客观地分析社会热点问题,容易受到他人的诱导,对思政课产生抵触情绪。

4. 网络教学的环境条件有待改善

网络技术的不稳定性和复杂性,使得高校思政直播课程教学的发展受到阻碍。这方面暴露的问题主要有以下几点。

一是种类繁多的网络平台和软件容易影响教学质量。新时代,高校思政直播课程教学主要采用直播授课和录播授课两种形式。过多教学软件和网络平台的使用和复杂的使用流程,大大降低了师生上课的便捷性。二是教学硬件保障不足。网络教学技术设备种类繁多,质量参差不齐,过多的软件同时运行,极容易造成设备卡顿。三是网络质量的影响。高校思政直播课程教学过于依赖网络,一些偏远地区处在网络覆盖范围之外,一些贫困学生无力承担上网费用,这都会影响高校思政直播课程教学。在线上教学过程中,高峰时段学生同时进入会给平台和软件造成较大压力,系统崩溃、软件卡顿的现象时常发生。

(二)新时代高校思政直播课程建设路径

当前高校思政直播课程教学中存在的问题使得线上教学像是一个视频阅读行为,而不是一种课堂教学行为,从而导致课堂教学效果和可听性大大降低。通过分析,从教学资源、教学方法、考核方式、思政教师信息化能力以及新媒体等方面提出提升高校思政直播课程教学效果的建设路径。

1. 深挖新时代网络思政课教学资源,建立高校网络思政教学资源库

对思政课进行创新与改革的目的在于吸引学生对课堂的关注度,对思政课教学产生兴趣,在课堂学习中有获得感与参与感,提升教学效果。

一是深入挖掘新时代的网络教学资源,结合学生身边发生的实际案

例，讲清楚中国的制度优势，说明中国共产党始终坚持以人民为中心的宗旨，梳理好各省市、各地区的特色。同时，还可以在思政网课教学中渗透心理健康教育，利用新时代与心理健康教育的相关素材，联系学生实际，提升高校思政直播课程教学内容的丰富性和鲜活性。二是把问题意识融入到高校思政直播课程教学的设计中，以问题为导向进行教学内容的设计，形成问题链。通过问题链呈现理论，前后要呼应连贯，让学生在参与问题的思考与探究中，加深对内容的理解和消化，顺势加强对大学生制度规则和社会责任感的教育，达到立德树人的教学效果。三是把相关内容整理、分类，建设精品资源库和案例库。同时要与时俱进，及时更新教学资源库，不断充实丰富，提升网络教学资源的价值。

2. 创新新时代网络思政课教学方法，加强网络教学中师生之间的互动

在网络教学中增加交互式教学活动，是高校贯彻以生为本的教学理念的表现之一。创新网络教学方法的原则是要通过精巧的教学设计，合理分配上课时间，碎化理论教学时间，把握教学节奏，不能将全部的时间与精力投入到第一堂网络直播教学中，要学会穿插各种教学环节，用形式辅助教学内容。

一是添加启发式教学环节。网络教学中切记不要以教师讲授为主，充分发挥学生的主体性，调动学生参与课堂的积极性。根据人的信息接受规律——最多听十分钟，所以要增加启发式教学，通过抛出由简到难的问题，增加学生的兴趣，降低学生的抵触情绪，循序渐进地开展课堂教学。二是采用项目化教学的方式。教师提前搭配相关教学平台，给学生提前布置任务，以信息检索类任务或实操性较强的任务为主。线上教学的过程就是要解决或评价这些任务的完成情况，线上师生可同时多向讨论研学，通过分享讨论，增加师生互动。三是要做好个性化管理。鼓励学生拍小视频进行课堂分享，发挥线上教学的优势，调动学生网络课堂发言的积极性。

3. 量化新时代网络思政课考核方式，提高网络教学的精细化评价

高校思政直播课程教学要建立更为科学、全面的评价体系。量化考

核方式,增加考核方式的多样性,将课程考核渗透进日常的课堂教学中,将线上与线下、期末与日常、静态与动态相结合,依托先进的网络技术,将学生在每节课中的表现通过客观、动态的数据呈现。可以采取即学即测的方式,在重点知识讲解结束后实时弹出测试框,回答问题正确可进入下一个知识点的学习,回答错误需要重新学习。还可以通过教师在布置学习任务时根据学生的学习负担,把课程中的重点章节进行标记,章节中的重点内容配备相应的视频阅读报告,用思维导图的形式将内容进行分析与汇总,从而对学生的线上学习效果进行个性化检查与评估。

4. 加强高校思政课教师的信息化能力培训,提升思政课队伍建设

思政课教师要充分发挥自身的积极性,树立终身学习的理念,引导学生树立正确的三观。因此,教师要主动提高自身运用信息化技术的能力,参加有关网络教学的培训,将学习到的理论及时应用到实际的课堂教学中。

一是学校要定期开展网络教学的相关培训,可以借助校内的专业教师,也可以邀请校外的专家开展专题讲座以及实践教学,引导教师熟悉当前网络教学的发展趋势,认真研究网络教学的相关技术,提高自身的教学能力和信息素养。二是教师转变教学角色。在课堂教学过程中,将现代化信息技术融入其中,运用视听多媒体,创设教学情境,给学生身临其境的感觉,加深其对教学内容的理解。充分利用网络技术的在线功能、交互功能以及虚拟功能,提高学生对思政课的关注度,提高课堂教学效果。三是开展网络集体备课。不受地点限制,随时随地分享教学观点和教学设计,提高工作效率,共享教学资源,共同提高教学水平,最大程度发挥集体备课的优势。

5. 广泛借鉴自媒体发展经验,在高校思政直播课程教学中利用新媒体技术

将新媒体技术运用到网络教学中,思政教师可以借鉴学校相关专业教师以及学校自媒体建设的经验。思政教师可以向学生推荐自媒体平台,如以学习活动为中心的网络课程。教师可以通过精心选择、剪辑网络上的优质微视频,如人民日报、中国共产主义青年团中央委员会、中央

电视台等平台都有大量优质且短小的视频,然后依托教学平台和网络交流工具,精心设计一系列师生或生生交互的教学活动以及教学评价方案,引导学生阅读和使用各类教学资源,完成各类学习任务。另外,还可以采用进度条提示的方式,增加内容的可阅读性。

新时代高校思政直播课程教学要抓住机遇,迎接挑战,实现高校思政直播课程教学的跨越式发展,丰富自身的内涵,为培养社会主义接班人做好思想武装。这是高校网络思政直播课教学发展的关键。

第二节 短视频与直播课程在高校网络思政教育中的运用

一、新时代高校网络思政教育短视频及直播课程与教学科研的融合

(一)短视频融入思政教学科研工作的优势

短视频是在新媒体环境下衍生的短片视频,用户可以在短时休闲状态下通过各种网络视频平台进行观看,并且视频内容会被高频推送,其时长通常不会超过5分钟。

近几年来,随着抖音、快手、火山小视频等视频软件的迅速蹿红,越来越多的人随时随地都在用手机或者平板电脑观看短视频,不管是在餐厅里、商场里,还是上下班路上,都随处可见“刷视频”的人们。而这种现象在大学生群体里也尤为常见,大学生在上下课的路途中、餐厅排队买饭的过程中,或者在图书馆阅读的闲暇之余,都会打开手机“刷”几个有意思的短视频,打发一下碎片时间。可以说,短视频深刻影响着大学生的娱乐方式和生活习惯。因此,通过短视频推进思政教学科研工作的开展,更易被学生群体接受,能够取得更好的效果。

短视频融入思政教学科研工作的优势如下:

1.“病毒式”传播,速度极快

以抖音为例,只要发布者在短视频平台上上传视频,平台就会对其

进行即时推送和迅速传播。同时,如果发布者所上传的内容足够新颖、足够契合社会热点、足够吸引人眼球,平台便会将该短视频推送给更多的用户,从而吸引更多的浏览量,达到“病毒式”传播效果。

2. 发布成本低廉,操作相对简单

短视频的制作流程很简单,成品的发布也没有对用户进行门槛限制,任何人都可以随时随地在短视频平台上发布视频,用户只需要将自己拍摄和剪辑好的素材上传,一键发布即可完成。这种便捷的方式有利于思政教学科研工作者随时随地进行思政教学科研工作,方便快速且成本低廉。

3. 可视化数据,便于观察思政教学科研工作效果

上传短视频后,发布者可以非常直观地看到该视频的浏览人数、点赞数量、评论内容等。数据的即时化和可视化,使得思政教学科研工作者和学校管理者可以通过分析这些数据,对思政教学科研工作进行调整和改动,优化教育工作的内容,以提升思政教学科研工作的实效性。

4. 传播范围广,周期较长

如果发布者所上传的短视频获得较多点赞和转发,成为热点视频,平台便会通过大数据将该短视频推送给更多的用户,不仅仅是本校的学生,还会有其他高校的学生;不仅仅是本科生群体,还有硕士生、博士生群体;除此之外,还有可能推送给该平台中各行各业的用户。在这个过程中,传播面被不断延展,话题和热度不断被推上“风口浪尖”,这种现象很好地体现了思政教育的持久性和普遍性。

5. 大大提高了思政教学科研工作的互动性

短视频一经发布,用户在观看后不仅可以发表自己的意见和看法,还可以“艾特(@)”自己的同学和朋友一起来观看这个视频。这种形式在很大程度上增强了思政教学科研工作者和受众之间的多向互动,有助于实现思政教学科研工作的终极目标,取得良好的思政教育效果。

6. 内容软性植入,利于学生接受

短视频将原本简单枯燥的文字内容通过生动形象的影像传达给学生,使得传播的信息更加具象。对于学生群体来说,他们更喜欢、更愿意

接受这种内容传播方式，这种形式在很大程度上提升了受教育者对于思政教育相关知识信息的兴趣。

（二）应用短视频在高校思政教学科研工作中产生的问题

1. 主流价值观的教育受到冲击

首先，短视频具有覆盖面广、受众群体较为复杂和发布门槛较低的特性，所以，每天可能会有成千上万的用户发布海量的短视频，加上短视频发布的便利性，发布者只需要身处于有网络的地方，便可以实时地将内容发布出去。因此，在短时间内平台很难及时和完整地审核所有发布的视频，有时就会出现部分不良视频，即便这些不良视频后期经审核之后被平台删除，但这个过程依然存在着明显的滞后性。所以在视频没被删除的时间段内，依然会有大量用户浏览到这些视频，并且由于大数据对用户画像的喜好推荐，使得用户在接下来的过程中会不断地刷到类似的视频，这样无疑会对一些判断能力不强、好奇心较重的大学生的价值观念造成冲击。①

其次，泛娱乐化现象的出现也给当前的思政教学科研工作带来了挑战。所谓泛娱乐化现象，就是打着“乐”的旗号，把事物的内容或者形式进行过度的娱乐化，其实质是以消费主义、享乐主义为核心。大学生正处于世界观、人生观、价值观形成的关键时期，他们乐于接受新鲜事物，但由于自身的认知能力还不够，缺少对于事物黑白、美丑的判断能力。如果大学生经常处于这种泛娱乐化的氛围中，长期追求简单的精神满足，不仅会影响他们正确价值观的树立，还会严重冲击思政教学科研工作的效果，甚至还会侵蚀整体的校园环境和校园文化。

2. 高校思政教师新媒体专业能力相对薄弱

众所周知，高校思政教师的专业理论水平、教育教学经验都比较丰富，相较而言，其在新媒体环境下运用新媒体技术的能力相对薄弱。这主要有以下几方面原因：第一，一般来说，高校比较注重微信公众号、微博平台的宣传和展示，对于短视频平台的运营和建设还处于初级阶段。

①马婧媛，杨福荣. 短视频融入高校思政教育工作路径探索[J]. 新闻研究导刊，2022，13（20）：202-204.

第二，负责相关宣传工作的教师和学生团队一般是新闻类专业的，多数思政课教师没有机会接触新媒体方面的实践工作，也难以意识到自己在新媒体技术方面能力的不足。第三，一些思政教学科研工作者不愿意花费大量的时间和精力去学习新媒体技术、平台运营和后期维护等相关知识，只想在自己的“舒适区”里进行传统的思政教学科研工作。

3. 大学生的主体性受到削弱

新媒体环境下，越来越多的教育工作者也逐渐开始使用短视频这一新的形式进行思政教学科研工作，但其中很多教育工作者只是简单地收集了一些短视频播放给学生看，并没有关注学生是否真正理解短视频背后所要表达的含义，忽视了教育过程中大学生所发挥的主体性作用，忽略了学生们共同参与的必要性。这种现象也一定程度上削弱了大学生的主体意识，他们只会一味地观看视频，没有自己的思考和想法，长此以往他们可能会逐渐丧失独立思考和自主选择的能力，这样就违背了思政教学科研工作的初衷，也很难收到良好的效果。

4. 大学生的思辨能力受到影响

“碎片化”这一词语最先在社会学中被人发现并使用，它最初是指社会的碎片化和分层化。每个社会成员所占的社会资源不同，所以他们被划分为不同的阶层。随着新媒体时代的出现以及信息技术的发展，传播过程中的信息变得碎片化，且逐渐成为传播学中被广泛研究的一个课题。短视频的传播具有明显的碎片化特点，这种传播方式打破了传统媒介对时间和空间的限制。大学生只要拥有手机，在有网络的情况下，就可以随时随地观看短视频，没有固定的时空限制可能会导致大学生深陷“刷视频”的“快乐”中，从而大量占用个人时间。很多大学生在看到一些信息时随手划过、浅尝辄止，并没有对信息的内容进行思考和分辨，这种现象严重影响了大学生自身思辨能力的培养。

（三）短视频与高校思政教学科研工作的融合

1. 积极宣传网络思政教育平台，培育有序网络政治文化

习近平总书记强调，要运用新媒体新技术使工作活起来，推动思想政治工作传统优势同信息技术高度融合，增强时代感和吸引力。这为高

校思政教学科研工作提供了遵循,高校思政教学科研工作者要充分利用短视频作为新的教学形式和教学资源,积极宣传新的网络思政教育平台,注重培育有序的网络政治文化。众所周知,网络政治文化的形成和发展是一个长期积累、沉淀和升华的过程,这种政治文化能够在受教育者进行网络交往时形成潜移默化的影响。网络政治文化不仅影响着受众对国家政治的认同,也影响着个人对国家和社会的情感、态度和价值观的树立,还影响着不同群体在现实社会中的行为。因此思想政治教育工作者需要在网络思政教育平台上,积极宣传弘扬社会主义核心价值观,培育有序的网络政治文化,增强大学生的政治认同感。

2. 利用短视频资源提升思政教学科研工作者网络技术能力

短视频App的发展,对使用新媒体技术进行思政教育的工作者提出了更高的技术和理论方面的要求。加上万物视频化的趋势衍生出各种类型的短视频,如果想利用短视频进行思政教育,或者作为思政课的辅助方式,都需要思政教学科研工作者先对这些短视频进行筛选,保证其质量和内容过关,也可以对其表达的主题或者思想进行有针对性的使用,在这一基础上结合学生的学情以及教育的基本规律,将短视频有机融入思政教学科研工作中。

另外,思政教学科研工作者不仅要学会合理利用短视频资源,还需要提升网络技术方面的能力,在掌握短视频平台传播规律、传播学、舆论学等相关的理论知识的基础上,还要积极参与学校开展的互联网技术培训,掌握多种类型的现代化教育手段,比如学习Photoshop、Premiere、剪映等软件。思政教学科研工作者还要主动学习一些互联网知识,不然在使用短视频进行思政教学科研工作的过程中,就会出现跟随不上时代潮流、找不到学生的兴趣点等现象。

3. 注重发挥学生的主体性

思政教学科研工作者想要提高思政工作的实效,很重要的一点就是要发挥学生的主动性和参与的积极性,让大学生不仅成为短视频的观看者和接收者,也成为短视频的创作者和传播者,在制作和剪辑、创作和宣传的过程中感受其中蕴含的主旋律内容,让学生在这个过程中亲身经历，去传播正能量、弘扬主旋律。学生可以将自己制作的短视频展示给更多的人，共同感受中华民族的传统文化和时代精神。同时，学校领导和思政教学科研工作者亦可以举办一些以“短视频思政”为主题的拍摄活动和比赛，并建立对优秀短视频作品的激励机制，通过线上线下多种渠道进行宣传，对其中展现主旋律且有利于学生身心健康发展的短视频内容进行转发，给学生优秀的短视频作品点赞、评论，选出其中口碑好的短视频作品进行评奖，将评奖结果作为学生社会实践活动的考察项、评优评先的加分项，以此吸引更多的大学生参与其中，发挥学生在思政教学科研工作中的主体作用。

4. 积极培养学生的思辨能力和审美品位

大学生正处于思维发展的活跃时期，对新现象、新事物具有强烈的猎奇心理和探知欲望。作为思政教学科研工作者，要注重提升大学生的媒介素养和鉴别能力，多和学生交流，对于他们不正确的想法加以引导，要用开放包容的态度对待学生，促使学生能够充分利用短视频资源的优势完善自我，自觉树立网络自律意识，形成对待短视频资源的正确态度。

另外，好的短视频作品具有观赏性和审美性，它不仅仅是一种艺术形式，也是一种思政教育的课程资源，它能带给学生深远持久的启发。因此，思政教学科研工作者在选择和制作短视频时，要认真地对视频内容进行考量，将主旋律内容适当融入、巧妙结合，这样不仅让学生感受到短视频中蕴含的巨大的艺术感染力，也潜移默化地提高了学生们的审美品位和欣赏能力。

思政教学科研工作者要认识到，培养学生的思辨能力和审美品位不是一朝一夕就可以完成的，也不是只能在课堂中进行，它可以在任何时间、任何地点进行，这是一个长期的、循序渐进的过程。思政教学科研工作者要充分把握教育的客观规律，不断增强思政教学科研工作的感染力和吸引力。

高校思政教学科研工作，本质上是为了学生更好发展。在新媒体环境下，短视频可以很好地做到关注学生、贴近学生、服务学生，成为高校思政教学科研工作的新阵地。作为思政教学科研工作者，要努力克服短视频在高校思政教学科研工作中存在的问题，扬长避短，勇往直前。同时，还要积极探究新媒体环境下短视频在高校思政教学科研工作中的新路径，顺应时代发展的要求，准确把握教育规律和学生特点，不断进行新的尝试，将短视频资源的优势发挥到最大，以达到思政教学科研工作的目的。

目前，已有部分高校和大学生思想政治教育工作者陆续将网络直播应用于大学生思想政治教育之中。然而，如何使网络直播在大学生思想政治教育中得到充分的应用，如何有效解决并防止网络直播应用于大学生思想政治教育可能带来的一系列问题，使其充分发挥网络直播优于其他网络载体的特性，从而科学有效地将网络直播应用于大学生思想政治教育，就需要深入探索出网络直播与大学生思想政治教育的联系。

（四）网络直播为大学生思想政治教育提供新的载体

思想政治教育载体是指思想政治教育主体将思想政治教育内容作用于思想政治教育客体，并且二者可以借此相互作用的活动形式。要想成为思想政治教育的载体，就必须能够承载相应内容，并且能够被教育主体作用于教育客体，达到主客体能够借此互动的作用。

21世纪是信息化的时代，大学生思想政治教育也需要不断适应互联网的发展。大学生思想政治教育的革新不是单方面的，它更是教育的观念、手段的改变，其中对于新出现的载体和媒介的应用显得尤为突出，需要在教育过程中有一个恰当的、适应于时代发展并具有自我发展空间的教育载体或者媒介。

网络直播作为新兴的大众传播载体，具有信息传播的实时性、互动交流的立体性、内容的多样性、体验的真实性以及传播方式的多样性等特点，满足其成为大学生思想政治教育载体的条件，同时因为深受年轻人特别是大学生的欢迎，俨然成为大学生中比较流行的社交、娱乐方式，并且这种趋势越发明显。大学生思想政治教育在网络直播兴起的时代，为了能够使教育工作顺应时代潮流，更加贴近学生、贴近生活，做到因材施教、因人施教，从而进一步丰富思想政治教育的内涵，就需要直面网络直播这一新载体，将网络直播应用于大学生思想政治教育中，使其成为大学生思想政治教育传播的载体，增强思想政治教育的吸引力和感染力。

（五）大学生思想政治教育促进网络直播建设

网络直播因为处于生态构建初期，必然出现诸多问题。当前网络直播因为直播门槛低、主播质量良莠不齐、恶意竞争等问题，造成了直播环境恶劣、直播形式不稳定、直播内容杂乱等现象，严重影响网络直播的健康发展。但当网络直播成为大学生思想政治教育新载体时，大学生思想政治教育将会促进网络直播建设。

具体体现在以下三个方面。第一，将会迎来社会、高校等多方面的合作。例如高校与平台的合作与建设、专业队伍建设、相应技术支持等，以便于网络直播能够具备开展大学生思想政治教育的条件。第二，提升主播素质，优化直播内容，规范直播环境。大量的大学生思想政治教育工作者将会相继进入直播平台开展大学生思想政治教育直播活动，一方面能提升主播素养，促使直播行为和直播内容符合社会主义核心价值观，减少消极影响的产生；另一方面，通过大学生思想政治教育工作者的直播活动，势必会增加直播新内容，促进直播内容优化升级。同时，以直播的方式进行大学生思想政治教育，对网络直播环境也将是一种净化。第三，当网络直播与大学生思想政治教育相契合后，为顺利开展教育工作，达到大学生思想政治教育的目的，就需要管理上、制度上的突破和创新。

（六）积极健康的网络直播与大学生思想政治教育形成良性互动

要坚持把立德树人作为中心环节，把思想政治工作贯穿教育教学全过程，实现全程育人、全方位育人，努力开创我国高等教育事业发展新局面。网络直播自身可以作为载体运用的特点及其在大学生群体当中应用的程度，给大学生思想政治教育带来了较好的契机，大学生思想政治教育要想实现其效果，就必须紧跟时代步伐，拓展大学生思想政治教育理念和方法。同时，网络直播要想取得一个良性发展，保持生命力旺盛，需要和大学生思想政治教育相结合。以微博、微信等现有比较成熟的网络载体为例，越来越多的思想政治教育工作者运用这些网络载体开展大学生思想政治教育工作，在更新了大学生思想政治教育方式，提升大学生思想政治教育效果的同时，也促使这些网络载体得到了进一步的发展，使其作为载体的效果和积极作用越发突出。网络直播要想积极健康发展，就需要关注大学生思想政治教育能带来的影响。

实现网络直播在大学生思想政治教育中的应用，是大学生思想政治教育与时俱进的体现，有利于理论与实践的深度融合，是对于全程育人、全方位育人的体现。同时大学生思想政治教育给网络直播带来的影响不仅仅是作为传播载体作用的体现，更是其积极健康发展的象征。积极健康的网络直播与大学生思想政治教育势必形成良性互动。

二、新时代高校网络思政教育短视频及直播课程与高校生活的融合

（一）高校网络思政教育短视频与高校生活的融合

人在哪，宣传思想工作的重点就在哪儿。平台没有好与坏的区别，要看怎么用，舆论就是战场，如果不去占领，不去发出正面声音，年轻人就会被别的声音影响。不少高校关注到短视频App在学生群体中的使用率，并开始探索利用短视频App开展大学生思想政治教育。短视频平台的风靡对大学生思想政治教育工作会产生一定的负面影响。占领并运用好短视频平台，利用短视频平台开展大学生思想政治教育工作，也会产生一定的优势。

1. 短视频平台风靡对大学生思想政治教育的负面影响

第一，影响了思想政治教育效果。短视频实际上是一种碎片化阅读，且内容以娱乐类居多，并不能替代思想政治教育课程。大学生如果不能正确对待短视频App，沉溺其中，就会造成不良影响。

第二，增加了思想政治教育外部环境的复杂性。抖音等短视频软件仍属于发展中的新生事物，目前对其监管力度仍然不足，短视频内容良莠不齐，不良内容可能会对大学生的世界观、人生观、价值观产生冲击。大学阶段是人生成长的重要时期，大学生知识体系尚未完全，价值观多元，心理尚未成熟，虽然思想活跃，但是具有多变性和不可控性，容易受到网络环境的影响，因此增加了思想政治教育外部环境的复杂性。

2. 利用短视频App开展思想政治教育的优势

第一,能增加思想政治教育的趣味性。传统的思想政治教育方式如课堂教学的理论性较强,不够生动活泼,无法长期吸引大学生。短视频可以将思想政治内容通过影像配以音乐的形式表达出来,使枯燥的内容更生动活泼地展示在大学生面前,具有趣味性,更能吸引大学生。

第二,能增强思想政治教育的互动性。短视频具有点赞、评论功能,学生可随时发表自己的观点。根据学生反馈的内容,高校的思想政治工作人员不仅能了解学生思想动态,据此改进工作,提高思想政治教育工作的针对性;还能够进行及时有效的解答和互动,增强与学生的交流沟通。

第三,能增强思想政治工作的实效性。短视频App具有很强的感染力,能让学生留下深刻印象,从而强化思想政治教育效果。思想政治工作人员可以根据短视频的点击量、转载量、评论数、点赞数等统计数据,发掘学生关心的内容、喜爱阅读的内容,从而进一步增强思想政治教育的实效性。

(二)高校网络思政教育直播课程与高校生活的融合

1. 正确引导学生上好网络直播课

大学生群体是在网络环境下出生并成长起来的,互联网已经涉及其学习生活的各个方面。传统教育中理论内容丰富却严肃刻板,缺乏与实际结合,不够贴近学生生活,教师站在讲台上讲,学生坐在讲台下听,学生缺乏积极性,授课效果大打折扣。网络直播拓展了交流的边界和互动的形式,合理利用“互联网+教育”这种新兴教育方式不仅可以便捷地实现在线完成学习,还可以融合传统理论知识学习和教学实验等,并借助互联网实现全方位覆盖,有效节省人力物力成本,扩展学习维度,提高课程渗透能力和学习效率,形成良好的学习习惯,增强集体意识,强化思政教育的实效。

大学思政教育工作者希望利用网络直播新形式加强思想政治教育工作,可以通过了解大学生群体的个性特点和心理特征,准确把握大学生对直播平台形式及内容的偏好特征,结合其学习生活、兴趣爱好、职业发展、思想动态等关注重点，才能有针对性、有实效性地开展直播教育工作。同时，要让大学生真正了解教育直播的意义和目的，明确教育直播的目标，不能过分注重形式，而忽略了教育的根本。

2. 进一步加强网络直播课思政功能的指导

教师的人格力量和人格魅力是成功教育的重要条件，一个教师如果不能修身立德，在大是大非、善恶曲直、义利得失等方面出了问题，那么他给学生讲的道理就都会变成空话。教师自身的思想政治素质具有很强的示范性，教师言行是教育成功的关键因素，代表着社会进步的正能量。

虽然新的技术会帮助教育直播走得更远，助力教育质量和效果的提升，但直播教育的核心竞争力在于好的教学方法和在线教师的个人魅力，且只有好的直播内容才能吸引更多的学生学在其中、乐在其中。要有效地进行网络教学和学习，直播教师必须找准教学内容与教学方法的最佳结合点，契合教学各个环节的具体要求，坚持学生的主体地位，培养学生的学习兴趣，启发、诱导并真正调动学生参与教学的积极性、主动性和创造性，才能真正取得网络教学的应有效果。由于直播平台普及面广、使用操作简单，专职教师应主动学习、积极把握，最大限度地利用平台免费资源，摒弃对互联网直播的偏见，实时推进直播的新型教学模式，有计划、有层次地开展丰富的直播内容和教育主题，面对面完成思想引导、党员教育等思政工作内容。完善专题式教学主题，提升教育教学质量，充分调动学生的主观能动性，弥补高校思政理论课上学生积极性不足、出勤率低的短板。高校教师队伍除了专职教师外，其他专家学者、辅导员、政工干部、高校相关管理人员等都可以加入。尤其是辅导员群体，平日在学生工作的第一线，与学生接触密切、联系频繁，能随时随地获得学生的思想动态信息，既可作为思政教师，也可作为活动组织者参与教育直播课，为大学生思想政治工作提供新的力量，丰富思政工作的意义。

另外，将教育内容融入实践活动中，并充分展示于互联网平台，还能提高学生学习兴趣，增加师生互动频率。可以对大学生志愿服务活动、丰富的校园文体活动和文娱生活、大学生暑期社会实践、大学生科技实验创新等进行直播，有利于建立学生与教师、学生与学生的立体连接，增加彼此情感，有助于养成学生自主学习的习惯，提高其自我管理能力。在大学生思想政治教育直播内容的编辑上，除了要提前策划直播内容、主播人员、互动环节，还需贴合实际情况，结合社会热点，涉及大学生学习、生活和发展的日常活动，让学生由被动接受课程内容转为主动参与。

3. 直播平台规范实施课程直播

尽管我国已出台多项涉及互联网视听节目的管理规定，企业也在不断努力加强管理，但新技术的发展层出不穷，网络直播出现的新现象和新问题也就层出不穷。面对此类问题，政府相关监管部门应与直播平台进行内容对接，确认直播课程内容的可播出性和可传播性。争取早日出台相关法律法规和政策，对直播过程出现的违规违法行为明确责任主体，设置相应行政处罚措施，依法严格保护知识产权和著作权，保障教师和学生的相关利益，确保直播的顺利进行。同时，还要完善行业管理制度，加强对直播平台的管理，直播平台推出免费网课时，要对投放的广告进行审核和过滤，针对不同年龄的观众推送不同的直播内容，以此保护未成年观众。

维护良好的网课生态，需要平台方发挥主体作用，加强平台的主体责任意识，而不是一味地把学生群体看作流量池，为追逐经济利益而忽视网课的环境建设。互联网的发展促进了技术优化，直播过程的监控和监管应采用更为合理和先进的技术，为教师监控课堂效果提供更多辅助工具。例如，对于上课互动不积极、开小差时间过长的学生，设置教师提醒功能；过滤不清晰的作业，为教师提供更加清楚和细致的待批改作业；设置专门的青少年学习模式，启用密码管理，对使用时间、使用功能、观看内容等都有所限制。

直播行业经过十多年的发展，到今天已经形成了互联网新兴市场巨大的风口之一。要想顺应时代潮流，把握发展趋势，让高校思政工作融入互联网大潮，真正做到直播行业发展和思政教育的结合，就必须科学有效地加强法律和政策监管，规避直播中可能出现的负面影响，规范参与人员的使用行为。同时，在建立完善的网络舆情搜集整理、分析研判、监督控制、处置处理工作规程的基础上，引导学生正确、科学、合理地利用直播技术，加强底线意识和法治思维，强化对社会主义核心价值观的认同感，保障学生健康成长成才。只有这样，才能真正利用直播平台将思政教育效用最大化。

三、新时代高校网络思政教育短视频及直播课程与高校文化的融合

（一）高校网络思政教育短视频与高校文化的融合

在短视频App广泛使用的情况下，高校要把握机遇，迎接挑战，积极采取措施，让这种新兴事物成为高校开展思想政治教育的有力平台。

1. 找准定位，组建专业化运营团队

高校的短视频App运营要找准定位，既不能过于严肃、死板，使大学生丧失关注兴趣，又不能过于娱乐化，忽略了思想政治教育的出发点。这就要求高校在利用短视频平台开展思想政治教育过程中，要注重组建专业化的运营团队。团队中既要有思想政治觉悟高，能够坚持党性原则，对网络中的不当言行具有敏锐察觉能力的思政工作者，也要有熟悉新媒体传播特点和视频编辑技巧的专业人才，还可以吸纳新闻专业学生或爱好宣传工作的学生参与，这样可以更贴近大学生的心理和喜好。

2. 坚持内容为王，增强短视频内容的吸引力

高校在利用短视频平台开展思想政治教育的过程中，可以运用传播学“议程设置”理论，在采集、选择、加工和发布视频内容的过程中，有意识地将思想、政治、道德、法纪等方面内容融入视频中，将思想政治教育内容与工作、生活相联系，将思想政治教育内容生活化地表达在视频中，达到“润物细无声”的传播效果。在重大事件、纪念日等特殊节点，提前做好谋划、选好主题，线上短视频宣传与线下互动相结合，实现网上网下联动，增强感染力。例如，清华大学在改革开放40周年之际举办了文艺晚会，同时通过抖音传播晚会内容，展现了青年群体积极向上、多才多艺、热情爱国的精神风貌，弘扬了民族精神、改革精神。

3. 发挥双向互动优势，提高思政教育针对性

高校的思想政治教育工作者要充分使用好短视频媒体的留言和评

论功能，及时了解大学生的思想动态，积极与学生进行互动交流，有技巧地进行思想引导，妥善解决学生在学习生活中遇到的困难和疑惑。此外，高校思想政治教育工作者可以通过汇总短视频App的浏览数、点赞数、评论数等，从中挖掘学生感兴趣的话题、偏爱的沟通方式以及普遍存在的困惑，为今后思想政治教育工作的树立和开展提供有力保障。

4. 加强大学生法治教育

高校要进一步加强普法教育，将《中华人民共和国网络安全法》作为一个重要内容纳入大学生法治教育中，增强大学生安全使用网络、依法使用网络的意识，促进大学生自觉约束网络行为，坚决抵制不良视频信息的传播。

综上所述，短视频平台的兴起和流行，给高校思想政治教育工作提供了新的机会、途径及资源。运用短视频平台进行高校思想政治教育工作也已经成为大趋势，各大高校不应抵触短视频平台这一新兴宣传方式，而是应该扬长避短，既不使其缺点影响大学生的正常生活及学业，又能充分发挥短视频软件的优势，推动高校思想政治教育工作。

（二）高校网络思政教育直播课程与高校文化的融合

1. 打破时空界限，充分体现教育公平的价值理念

教育资源作为社会公共资源，本应兼顾公平、正义，但由于经济发展等各方面因素的限制，教育资源往往呈现不均衡状态，这是不可忽视又急需解决的社会现实问题。习近平总书记在网络安全和信息化工作座谈会上提出：可以发挥互联网优势，实施“互联网+教育”，可以发挥互联网在助推脱贫攻坚中的作用，推进精准扶贫、精准脱贫，让山沟里的孩子也能接受优质教育。而“直播+教育”模式正是对“互联网+教育”“教育扶贫”理念的贯彻践行。这种新的教育模式突破了高校、课堂、课本的传统边界，让授课教师无需固定于教学场所开展教育实践，不同地域的学生可以通过网络直播的方式直接接触到其他高校大学生，偏远落后地区的人群也可以通过线上互动了解到更多新的理论资讯，解决了该地区师资匮乏和信息落后的短板，突破了地域限制的牢笼，缩小了教育资源的差距，使得优质的教育资源能够实现跨空间的多次传播和跨地域的信息覆

盖，真正体现了“开放、共享、创新”的优势。

2. 增强线上交流互动，提升朋辈教育效果

目前，大学生思想政治教育主要以传统线性教育教学方式为主，通过集中授课、课后交流、完成作业等方式开展教学实践。这种平面化的教学方式存在重理论而轻实践、缺少形式创新、忽略大学生内心构建和情感链接等问题，难以实现学生的政治认同、思想认同、理论认同和情感认同，难以落实教学成果。

“互联网+教育”作为一种新的教育实践形态，通过直播更垂直化、更立体化等优势实现了大学生思政教育传导区域的广泛化，接受人群的普遍化。同时，利用已有互联网直播平台不仅可以节约成本，还能满足大学生课程教育的新需求，扩展交流传播形式，增强师生互动，在共同话题的聚焦中产生师生共鸣，并将传统被动接受思政教育转化为师生主动参与内容生产，从单向性传播模式演变成双向互动型新兴模式，使得大学生在无形的互联网直播教学中获得更多参与感、体验感。

当代大学生有着大体相近的价值观、生活方式和人生经历，同辈之间代沟小、防备心不强、交流互动多，大学生可运用网络直播平台，结交与自己志向相投的朋友。其中，成绩优异、品德优秀、综合素质良好、有创新精神并热心帮助他人的优秀生在直播课程的学习中往往起到示范带头作用，他们在实现自我管理、自我教育和巩固自身学习成果的基础上，还能积极配合教师和辅导员的工作，帮助其他同学解决学习上的困难和职业规划的困扰，促进人际交往和谐，从而使同学们更加适应集体生活，正确调整心态，努力营造积极健康的生活方式。让朋辈教育有效覆盖学生学习生活的方方面面，充分发挥“身边人教育身边人，同龄人教育同龄人”的思想政治教育作用，可有效提升大学生心理健康水平，极大地促进高校综合素质培养体系的健全。

3. 丰富教育教学内容，积极开展自我教育

大学生思想政治教育工作因其说教性和理论性太强，而让受教育者产生一定的距离感和枯燥感。如何将枯燥的理论转化为生动的呈现，也是思政教育工作长久以来的探索。

自我教育是个体在自我意识发生的基础上不断提高和完善自我的个性化实践,大学生自我教育具有十分重要的现实意义和价值。由于网络直播平台具备开放性特征,学生可在短时期内获取大量关注度,获得对生活学习领域各项活动、制度进行创新的强大外驱力,进一步激励学生在创新中不断彰显自身个性。因此,要善于借助契合时代潮流的网络直播课开展自我教育,启发、引导大学生充分发挥自我教育的主体作用,发挥学生网络群体属性,灵活运用各种影音、图像等教育资源,形成教育合力。教师在师生双方积极的互动对话中,既可以即时了解学生动态的需求,又能有针对性地开展思想政治教育工作,强化思政教育实效。

值得注意的是,直播课的良好氛围不仅是师德、师风和校风的一部分,对参与直播的师生也有规范约束和引导激励的作用,还是大学生自我教育的潜在环境,能够通过对大学生的心理认同和心理感染来引导学生进行自我教育。丰富多彩的直播课程不仅提高了课程活力,丰富了校园文化,拓展了教育路径,更重要的是为大学生开展自我教育、养成良好的道德品质和行为规范提供了广阔的平台。

大学生在直播过程中会不自觉地接受并内化直播主导的世界观和价值观,直播课程中涌现的优秀学生和典型代表,能够激发学生对非课程形式的通识教育的学习能力,学生在自我学习和生活中得到教育和启发。这不仅发挥了技术创新的驱动作用,还使传统的思想政治工作活起来,彰显了以人为本的教育理念,符合思政教育的内在规律。

[1]蔡薇.高校网络思想政治教育平台构建与作用发挥研究[J].黑龙江教育学院学报,2019(2):102-104.

[2]曹爱琴.新时代大学生思想政治教育理论与实践[M].西安:西安电子科技大学出版社,2019.

[3]樊凯.高校网络思想政治教育平台系统研究[D].北京:中国矿业大学(北京),2019.

[4]房静.网络时代下的高校思想政治教育思考与建构[M].西安:西北工业大学出版社,2018.

[5]葛小杰,赵冬鸣,郭晶晶,等.高校网络思想政治教育平台构建与作用发挥研究[J].文渊(中学版),2022(1):61-63.

[6]郭少华,范嘉琪.习近平关于高校思想政治工作方法论阐述[J].井冈山大学学报(社会科学版),2022,43(3):5-13.

[7]黄瑞宇.新时代高校学生工作的创新研究与实践探索[M].北京:中国政法大学出版社,2020:60.

[8]来晓菲.增强思政类新媒体平台舆论引导能力之浅见[J].西部学刊,2022(17):45-48.

[9]李倩.大学生思想政治教育中人文关怀研究[D].兰州:兰州财经大学,2020.

[10]李晓晓.探讨高校网络思想政治教育平台构建与作用发挥[J].魅力中国,2019(48):313-314.

[11]理阳阳.基于网络时代视角的高校思想政治教育研究[M].北京:研究出版社,2019.

[12]刘海燕.新时代高职学生职业价值观发展特征及教育对策研究

[D]. 大连：大连理工大学，2021.

[13]刘慧. 高校网络思想政治教育的现实困境及对策研究[D]. 沈阳：沈阳师范大学，2017.

[14]刘文渊. 高校网络思想政治教育平台影响力提升路径分析[J]. 大学，2021(9)：64-66.

[15]刘一叶，井卫鹏. 基于“易班”的高校网络思想政治教育平台建设研究[J]. 电脑知识与技术，2020(33)：48-49.

[16]吕春燕. 高校网络思想政治教育平台的现状调查与分析[J]. 现代商贸工业，2020(35)：14-15.

[17]吕开东. 新时代高校思想政治教育工作探索[M]. 北京：光明日报出版社，2019.

[18]马婧媛，杨福荣. 短视频融入高校思政教育工作路径探索[J]. 新闻研究导刊，2022，13(20)：202-204.

[19]祁明，江鸿波. 高校内涵建设背景下的学生思想政治教育发展[M]. 上海：同济大学出版社，2019.

[20]谈娅. 新时代高校思想政治教育创新研究[M]. 重庆：西南师范大学出版社，2021.

[21]王利平. 网络环境下高校思想政治教育方法研究[M]. 武汉：武汉大学出版社，2020.

[22]王新. 高校思想政治教育主题网站建设研究[D]. 太原：山西财经大学，2008.

[23]徐彤. 中国化马克思主义网络传播的历史演进及现实启示研究[D]. 扬州：扬州大学，2022.

[24]严莹. 新媒体时代高校思想政治教育研究[M]. 上海：上海交通大学出版社，2020.

[25]杨婷. 高校网络思想政治教育平台建设研究[D]. 银川：宁夏大学，2017.